Michael Grüner
So schützen Sie sich in Gefahr

.

Michael Grüner, geboren 1960 in München und dort bei einer großen Bank beschäftigt, ist mehrfacher DAN-Träger (Schwarzgurt) und trainiert asiatische Kampfkünste seit 1973. Weitere Kenntnisse in Selbstverteidigungstechniken erwarb er auf Reisen in die USA, nach Hawaii, Brasilien und Asien, wo er auch Lehrgänge abhielt. Seit 1988 veranstaltet er regelmäßig Selbstverteidigungskurse, auch in Zusammenarbeit mit *Christine Steinherr,* der Beauftragten für Frauenfragen beim Polizeipräsidium München. Diese durch Fernsehauftritte bekannte Kriminalbeamtin schrieb einen Beitrag mit besonderen, gezielten Empfehlungen zur Selbstverteidigung für das vorliegende Buch.

Michael Grüner

So schützen Sie sich in Gefahr

Psychotricks und Selbstverteidigungsgriffe:
leicht, schnell, wirksam

Mit einem Beitrag von
Christine Steinherr

Fotos von
Liselotte Weich

Ariston Verlag · Genf / München

Die Deutsche Bibliothek – CIP-Einheitsaufnahme

GRÜNER, MICHAEL
So schützen Sie sich in Gefahr: Psychotricks und
Selbstverteidigungsgriffe: leicht, schnell, wirksam / Michael
Grüner. Mit einem Beitr. von Christine Steinherr. Fotos von
Liselotte Weich. – Erstaufl. – Genf; München: Ariston Verlag,
1993
ISBN 3-7205-1652-0
NE: Grüner, Michael; Weich, Liselotte

Gestaltung des Einbandes:
Atelier Höpfner-Thoma, GraphicDesign BDG, München
Umschlagmotiv: Photodesign MALL

Gesamtherstellung:
Ueberreuter Buchproduktion, Korneuburg bei Wien

Erste Auflage: September 1993
Printed in Austria 1993

ISBN 3-7205-1652-0

Inhalt

Vorwort

Waren Sie schon einmal mit Gewalt konfrontiert? Wenn nicht, bleibt zu hoffen, daß es auch nie dazu kommen wird. Gewalt ist die primitivste, unzivilisierteste, brutalste Form der »Kontaktaufnahme«, und diese kann sowohl physisch als auch psychisch erfolgen. Überall auf der Welt ist sie zu finden, unabhängig von Staatsform und Rechtssystem, von Hautfarbe, Rasse und Geschlecht. Raub, Nötigung, Vergewaltigung, Mord sind die extremsten Formen der Gewalt. Juristisch gesehen ist Gewalt ein Eingriff in oder Angriff auf das Recht auf körperliche und geistige Unversehrtheit. Verschiedene Einflüsse können zu Gewaltausübung führen – der soziale Hintergrund und zwischenmenschliches Sozialverhalten sind wesentlich daran beteiligt. Gewaltverherrlichende Filme und ähnliche Darstellungen in den Medien fördern die Gewalt.

Gewalttätige Menschen sind charakterlich labil und haben einen großen Geltungsdrang. Sie wollen sich und anderen etwas beweisen, und sei es nur durch brutales und negatives Verhalten.

Wie aber kann man ihr begegnen, wenn man der Gewaltandrohung oder -anwendung wirklich einmal ausgesetzt ist? Oft genügt eine geschickte verbale Reaktion, um sich aus der Affäre zu ziehen. Jedoch bei einem massiven Angriff, bei dem man um seine Gesundheit, ja sogar um sein Leben fürchten muß, werden Worte nicht mehr ausreichen.

Vielleicht haben Sie noch die Chance davonzulaufen; aber wenn nicht – wie können Sie sich dann helfen?

Dieses Buch soll Ihnen zeigen, wie Sie sich gegen Angriffe verschiedener Art zur Wehr setzen können. Es soll Ihnen als Anregung und Unterstützung dienen und Ihnen einige wenige, aber wirkungsvolle Befreiungsmethoden und Schlagtechniken vermitteln. Ebenso will es verdeutlichen, daß Sie in einer »brenzligen« Situation nicht wehrlos sind.

Am besten ist es jedoch – und dies hoffe ich und wünsche ich Ihnen –, nicht in die Situation zu geraten, in der Sie die hier vorgestellten Techniken einsetzen müssen.

Michael Grüner

Empfehlungen zur Selbstverteidigung

Das Thema »Selbstverteidigung« wird immer mehr mit Kriminalität und Gewalt gegen Frauen in Verbindung gebracht. Was kann man hierzu aus der Sicht und den Erfahrungen der polizeilichen Aufgaben sagen? Das Problem der Gewalt gegen Frauen rückt zunehmend in das Bewußtsein der Öffentlichkeit. Um auch diese Straftaten wirkungsvoll bekämpfen zu können, ist es wesentlich, schon im Vorfeld potentielle Opfer oder vermeintliche Opferpersönlichkeiten über Gefahrensituationen zu informieren und Möglichkeiten des Selbstschutzes zu vermitteln.

In Ergänzung der Aufklärung und Information über frauenspezifische Straftaten sind Selbstverteidigungstechniken geeignete Mittel, sich erfolgreich zur Wehr zu setzen: mit dem Ergebnis, daß ein Angriff zum Beispiel bereits im Versuchsstadium beendet werden kann. 90 Prozent der Frauen, die sich gewehrt haben, waren nach Studien des Bundeskriminalamtes erfolgreich.

»Sich wehren oder nicht?« Diese Frage müssen Sie aus der konkreten Situation heraus selbst entscheiden. Die Entscheidung hängt davon ab, ob Sie zum Beispiel

O gefaßt genug sind, den Täter durch Reden und Fragen abzulenken,
O in der Lage sind, sich körperlich zur Wehr zu setzen,
O Hilfe erwarten können, beispielsweise durch Schreie,
O eine Fluchtmöglichkeit sehen und sich auch zutrauen, diese zu nutzen.

Zur eigenen Beantwortung dieser Fragen ist ein Selbstbehauptungs- und Selbstverteidigungskurs ein geeignetes Mittel. Aber auch dieses Buch bietet Ihnen hierzu geeignete Hilfen an. Unberechtigte und überzogene Angstzonen werden Sie erkennen lernen, und Sie erfahren, wie Sie diese abbauen können.

. Betrachten Sie einen Selbstverteidigungskurs – wie mir bereits schon mehrfach von Frauen bestätigt wurde – als sportlichen Spaß mit dem Nebeneffekt, für Ihr Selbstwertgefühl etwas getan zu haben.

Aus polizeilicher Sicht können Sie sich dadurch von unnötiger Angst und von einem typischen Opferverhalten befreien. Sie tragen somit zur Prävention bei.

Denn die Angst vieler Frauen, Opfer insbesondere einer sexuellen Gewalttat zu werden, steht in keinem Verhältnis zu ihrer tatsächlichen Gefährdung.

Mit den besten Wünschen für ein erfolgreiches Selbstbehauptungstraining,
Ihre

Christine Steinherr
Beauftragte für Frauenfragen
Polizeipräsidium München

Zur Einführung

Betonen möchte ich, daß dieses Buch keinesfalls einen Lehrer oder Trainer voll ersetzen kann. Vielmehr wäre eine Ausbildung in Selbstverteidigung in einem Verein oder einer Schule unter Anleitung eines guten Lehrers immer noch die beste Möglichkeit, die Selbstverteidigung richtig zu lernen. Überdies lassen wirksame Selbstverteidigungsfähigkeiten sich weder an einem Tag noch in einer Woche oder in einem Monat erwerben. Um die entsprechenden Techniken effektiv einsetzen zu können, ist regelmäßiges Üben erforderlich. Wochenendlehrgänge zur Selbstverteidigung können nur zur Anregung oder als »Schnupperkurse« dienen und nicht als Ausbildung gelten.

Dennoch – die *Verteidigungstechniken,* die dieses Buch beschreibt, lassen sich von Frauen und Männern jedes Alters gleichermaßen anwenden. Sie basieren auf dem Prinzip: *»Einfach und doch wirksam«.* Es werden nur *allgemeine* Situationen dargestellt und erläutert.

Die nachfolgend erklärten Abwehrtechniken sind realitätsbezogen und sehr effektiv. Im Ernstfall sollten Sie sie schnell, hart und mit äußerster Entschlossenheit ausführen. Nur so können Sie davon ausgehen, daß diese Techniken beim Angreifer die entsprechende Wirkung erzielen.

Das Training der Selbstverteidigungstechniken soll Ihnen in erster Linie *Selbstvertrauen und ein Gefühl der Selbstsicherheit* vermitteln.

Wenn Sie sich sicher fühlen, bewegen Sie sich auch sicher und strahlen dieses Gefühl nach außen aus.

Die erlernten Techniken steigern Ihre Chancen erheblich, einen Angriff abzuwehren. Und wenn Sie an sich und Ihre Fähigkeit, sich verteidigen zu können, glauben, gelingt es Ihnen auch.

Üben Sie aber nicht nur Ihren Körper, sondern spielen Sie die Abwehrmöglichkeiten ebenso gedanklich durch, etwa wenn Sie allein spazierengehen oder dergleichen.

I. Abwehrstrategien aufbauen

Der Gegner in uns – die Angst

Eine sehr unangenehme oder bedrohliche Situation erkennen wir nicht nur durch die Person eines »Angreifers« als gefährlich, sondern auch durch die Reaktion unseres Körpers. Er beantwortet sie mit Furcht, einer Form der Angst, die von einem bestimmten Ereignis ausgelöst wird.

Bevor Sie nun mit dem Training beginnen, beachten Sie daher, daß Sie es im Ernstfall eigentlich mit *zwei* Gegnern zu tun haben: dem Gegner vor Ihnen und dem Gegner in Ihnen – der *Angst*.

Die Furcht ist ein Affekt oder unangenehmer Erregungszustand, der einer Bedrohung durch ein reales Ereignis entspricht. Der amerikanische Psychologe CHARLES DONALD SPIELBERGER zählt diese Art der Angst zur *Zustandsangst*. Es handelt sich um einen emotionalen Zustand, der die Furcht vor einer bestimmten Gegebenheit ausdrückt. Ihr steht die *Eigenschaftsangst* gegenüber, eine generelle Ängstlichkeit in bezug auf objektiv verhältnismäßig ungefährliche Situationen.

Im Falle einer Bedrohung, also in einer Verteidigungssituation, tritt die Zustandsangst auf. Dieser Angstzustand äußert sich durch körperliche Überreaktionen, wie Erhöhung des Pulses, rasches Atmen, Pupillenerweiterung, Gänsehaut, Ansteigen des Blutdruckes, eine zitterige Stimme, Knieschlottern, wackelige Beine und ähnliches. Bewußtsein, Denken und Wahrnehmen sind meist gestört. Diese Überreaktionen können zu einer *Schreckstarre* führen, welche die Handlungsbereitschaft des Körpers lähmt und Sie dann daran hindert, sich effektiv zu wehren.

Da die Angst lähmend wirkt, bedeutet sie für uns nur einen Nachteil? – Grundsätzlich nicht, denn sie entstand wohl aus dem Instinkt, Schutz vor Gefahr zu suchen. Wenn niemand je Angst verspürte, würde nichts an waghalsigen Aktionen hindern, mit denen man zum Beispiel sich selbst oder anderen imponieren möchte. Angst trägt also dazu bei, Unglück zu vermeiden. Sie dient gewissermaßen als »Puffer« gegen Selbstüberschätzung. Die Angst schützt, sie dient als Vorsorge, um bedrohliche Situationen ohne unnötiges Risiko bewältigen zu können.

Durch die Angst werden aber auch zusätzliche psychische und physische Reserven mobilisiert, die Sie bei der Bewältigung von Gefahren unterstützen. In diesem Sinn läßt sie sich auch als eine Art »Aufputschmittel« bezeichnen.

Wann tritt der Angstzustand auf? Angst tritt dann auf, wenn Sie nicht mehr in der Lage sind, auf eine Bedrohung irgendeiner Art zu reagieren. Dabei sei dahingestellt, ob diese Bedrohung eine objektive Gefahr für Sie darstellt oder nicht. Es hängt also von Ihnen ab, wie Sie die Situation und die Bedrohung einschätzen.

Allein das Wissen um die Angst kann Ihnen in einer wirklichen Verteidigungssituation auf der Straße jedoch nicht helfen. Denn zum Beispiel im Straßenkampf bestehen keine Gesetze. Ebenso fehlt ein Kampfrichter, der den Kampf bei unfairen Aktionen unterbricht, oder ein Sanitäter, der bei einer Verletzung sofort Erste Hilfe leistet. Im Straßenkampf sind Sie ganz auf sich selbst gestellt, und das Schicksal befindet sich in Ihren Händen.

In einer Situation auf der Straße kann es also sein, daß Sie sich plötzlich in einer lebensbedrohlichen Lage befinden. Sie werden mit einer Situation konfrontiert, der Sie im ersten Augenblick glauben nicht gewachsen zu sein. Sie ist vollkommen neu für Sie, und Ihnen fehlt jegliche Erfahrung in der Verteidigung auf der Straße.

Jetzt haben Sie es nicht nur mit dem äußeren Gegner zu tun, den Sie als Angreifer betrachten, sondern zusätzlich noch mit dem Gegner in Ihnen – der Angst.

Sicherlich fragen Sie sich, wie man die Angst »ausschalten« könne. Die Antwort lautet, daß dies nicht möglich ist. Die Angst läßt sich nicht wie mit einem Lichtschalter »ausknipsen«. Aber Sie können versuchen, die Angstschwelle allmählich herabzusetzen und abzubauen – das heißt, die Phasen der Angst schneller zu überwinden.

In unserem Fall erreichen Sie dies durch regelmäßiges Üben der Selbstverteidigungstechniken. Sie sollen diese Techniken nicht nur mechanisch ausführen, sondern auch mental durchdenken. Wenden Sie die Techniken *konzentriert, schnell, exakt und entschlossen* an, und halten Sie sich den Sinn jeder einzelnen Technik vor Augen. Überlegen Sie sich, was Sie mit welcher Technik erreichen wollen und welche Wirkung sie auf den Angreifer haben wird.

Je realistischer Sie üben, etwa durch den Einsatz von Trainingshilfsmitteln (Sandsack, Schlagpolster), um so mehr wächst das Vertrauen in die Verteidigungstechnik.

Durch das Erlernen effektiver Selbstverteidigungstechniken kristallisiert sich ein Gefühl der Sicherheit heraus.

Eine erfolgreiche Verteidigung hängt also auch von Ihrer persönlichen Einstellung und von Ihrem Willen ab.

Mentales Training

Um sich wirkungsvoll gegen einen Angriff beziehungsweise eine Belästigung zur Wehr zu setzen, ist neben den Abwehrtechniken auch mentales Üben, also die geistige Vorbereitung, unerläßlich. Diese Art des Trainings dient dazu, sich mit Gefahrensituationen und den damit verbundenen Ängsten auseinanderzusetzen. Überlegen Sie, welche Situationen in Ihrem persönlichen Umfeld für Sie gefährlich werden und wie Sie diese Gefahrenquellen umgehen oder vermeiden können. Bei welcher Situation meldet sich ein flaues Gefühl im Magen: nachts im U-Bahn-Bereich; wenn sie bei Dunkelheit durch den Park gehen; wenn Sie im Wald spazierengehen; wenn Ihnen ein paar »Typen« entgegenkommen; wenn ein Betrunkener Sie anpöbelt . . .? Diese Aufzählung ließe sich beliebig fortsetzen, und sicherlich befänden sich einige Punkte darunter, die Sie beträfen.

Nun können Sie sich Beispiele überlegen: Ich komme erst spätabends aus dem Lokal. Auf dem Nachhauseweg werde ich von jemandem belästigt. Wie verhalte ich mich? Ich wechsele auf die andere Straßenseite und versuche dadurch eine Auseinandersetzung zu vermeiden. Er folgt mir trotzdem. Was nun? Vielleicht kann ich mich durch ein Gespräch aus der Affäre ziehen. Wenn das auch nicht hilft und es zu Handgreiflichkeiten kommt, werde ich ihm einen Fußtritt versetzen, dann noch einen Kniestoß und dann weglaufen. Durch solche Gedankenspiele erzielen Sie einen positiven Effekt. Auf diese Weise können Sie sämtliche Situationen geistig durchspielen und dann überlegen, welche Möglichkeiten der Abwehr Sie haben: Flucht, verbale Verteidigung, Selbstverteidigungstechniken. (Welche Verteidigungstechniken kann ich wie einsetzen, wenn der Angreifer von vorne kommt oder mich von der Seite attackiert, wegzieht oder umstößt und so weiter.)

Wenn Sie sich einige Zeit mit dem Thema »Selbstverteidigung« befaßt haben (technisch und mental), lernen Sie intuitiv mit alltäglichen Situationen »selbstverteidigungsbezogen« umzugehen. Sie sehen sich etwa im Fernsehen einen Krimi oder Actionfilm an, in dem es auch zu Auseinandersetzungen und Kampfszenen kommt. Überlegen Sie da nicht, ob Sie als

Opfer anders reagiert hätten oder warum das Opfer hier falsch gehandelt hat? Denken Sie darüber nach, ob und wie Sie anders gehandelt hätten. Denn alle diese Gedankengänge helfen Ihnen, mit vielen Situationen leichter fertig zu werden.

Weitere Gedankenbeispiele:

○ Sie sitzen oder stehen in der U-Bahn oder S-Bahn und werden belästigt . . .,

○ Sie spazieren durch einen Park, und jemand folgt Ihnen auffällig . . .,

○ Sie gehen aus dem Haus, und jemand greift Sie an . . .,

○ Sie befinden sich im Stadtzentrum, und einige »Typen« pöbeln Sie an . . .,

○ Sie sind mit Ihrem Partner/Ihrer Partnerin in der Diskothek und geraten mit einem Unbekannten (der betrunken ist) in Streit . . .,

○ Sie sind in der Tiefgarage (weit und breit ist niemand zu sehen), und plötzlich steht ein »finsterer Kerl« vor Ihnen . . .

Beschäftigen Sie sich gedanklich damit: Wie würde ich reagieren? Was ist zu beachten? Wie kann ich welche Techniken einsetzen? Welche Fluchtmöglichkeiten habe ich?

Eine solche mentale Vorbereitung ist genauso wichtig, wie die eigentlichen Abwehrtechniken es sind. Das Ziel soll sein, Körper und Geist zu einer Einheit zu vereinen.

Und Sie werden feststellen: Je öfter Sie sich sowohl praktisch als auch mental mit dem Thema »Selbstverteidigung« auseinandersetzen, um so stärker werden Ihre Selbstsicherheit und Ihr Selbstvertrauen. So lernen Sie, wie schon gesagt, an sich und an Ihre Fähigkeiten zu glauben, und haben dadurch im Verteidigungsfall eine echte Chance.

Vor dem Üben beachten

Den Körper vorbereiten

Ein unvorbereiteter Körper mit angespannter Muskulatur ist leichter verletzlich als ein »aufgewärmter« und gelockerter. Um Verletzungen zu vermeiden, sollten Sie ihn daher durch gymnastische Übungen auf das Training vorbereiten. Schon durch eine fünfzehnminütige Aufwärmgymnastik erreicht Ihr Körper die richtige »Betriebstemperatur«. Eine etwa fünfminütige Gymnastik am Ende des Trainings beugt gegen Verspannungen und Muskelkater vor.

Die Gymnastik sollte Dehnübungen, Bauchmuskel- und Konditionsübungen enthalten. Auf die vielseitigen Möglichkeiten der Gymnastik sei hier nicht besonders eingegangen, dazu ist bereits ausreichend Literatur vorhanden. Wir konzentrieren uns auf die eigentlichen Selbstverteidigungstechniken.

Aufwärmen

Vor der eigentlichen Gymnastik sollten Sie sich unbedingt kurz aufwärmen, etwa durch Seilspringen, Hampelmänner oder Laufen auf der Stelle.

Optimal ist es, wenn der Körper leicht transpiriert. Dann ist der Kreislauf angeregt und die Muskulatur durchblutet und somit für die Gymnastik vorbereitet.

Gymnastik

Abb. 1a Rumpf aufrichten, Ellbogen zum Knie führen, gleichmäßig atmen, 5 × 10 Rumpfbeugen, dazwischen 20 Sekunden Pause.

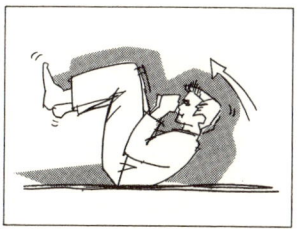

Abb. 1b

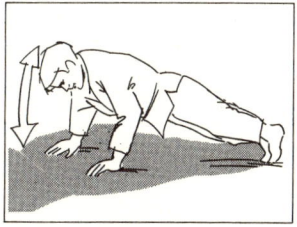

Abb. 2 Liegestütz mit normaler Handhaltung, Ellbogen eng am Körper, gleichmäßiger Rhythmus, 4 × 8 Liegestütze, dazwischen 20 Sekunden Pause. Gleichmäßig atmen.

Abb. 3   Im Stand einmal linkes Knie zur Brust hochziehen (etwa 10 Sekunden halten), dann rechtes Knie (insgesamt 10× links, 10× rechts), Oberkörper bleibt aufrecht. Normal atmen.

Abb. 4   Aufrecht stehen mit gutem Halt, Ferse gegen Gesäß drücken und das Knie nach hinten bewegen (5× links, 5× rechts, 20 Sekunden lang). Normal atmen.

Abb. 5   Im Grätschsitz Oberkörper einmal nach links zum Knie bewegen (10 Sekunden lang halten), dann rechts. 5 × 10 Sekunden links und rechts, beim aktiven Bewegen ausatmen.

Am Ende des Trainings können Sie noch einmal etwa vier Minuten »abwärmen«. Dazu verwenden Sie bitte die gleichen Übungen wie beim Aufwärmen (Seilspringen, Hampelmänner . . .).

Um den Körper auf die Übungen einzustimmen, empfiehlt es sich ebenfalls, sich das hierfür richtige Atmen anzueignen und jedesmal vor Trainingsbeginn zu wiederholen. Einige Hinweise zum richtigen Atmen gibt der folgende Abschnitt.

Richtiges Atmen

Richtiges Atmen ist für einen wirksamen, schnellen und harten Einsatz von Selbstverteidigungstechniken wesentlich. Pressen Sie die Luft *während* der Ausführung der Technik schnell aus den Lungen. Das bewirkt, daß Sie die Abwehrtechnik locker, sehr schnell und hart ausführen können. Durch das rasche Ausatmen werden die Bauchmuskeln angespannt, und Sie sparen Kraft für weitere notwendige Verteidigungstechniken.

Wichtig: Während der Ausführung der Techniken dürfen Sie nie den Atem anhalten! Es könnten sonst Schwindelgefühle oder Kreislaufprobleme auftreten.

Sicherer Stand

Nachfolgend zum Vergleich drei unterschiedliche Standpositionen:

Abb. 6

A. Hier liegt der Schwerpunkt tief – die Auflagefläche ist groß: Die Füße stehen schulterbreit auseinander, die Schrittlänge entspricht etwa drei eigenen Fußlängen.
Fazit: Diese Position weist eine hohe Standfestigkeit, ein gutes Gleichgewicht aus, läßt aber wenig Beweglichkeit zu.

Abb. 7

B. Der Schwerpunkt liegt höher als bei A, die Auflagefläche ist mittelgroß: Die Füße stehen schulterbreit auseinander, die Schrittstellung entspricht etwa eineinhalb Fußlängen.
Fazit: Diese Position kommt der natürlichen Körperhaltung am nächsten. Sie ist zwar nicht ganz so stabil wie bei A, aber noch ausreichend. Der große Vorteil hier besteht in der hohen Beweglichkeit und Flexibilität.

Abb. 8   C. Der Schwerpunkt liegt sehr hoch, die Auflagefläche ist sehr klein, und die Beweglichkeit ist schlecht.
Fazit: Zur Selbstverteidigung völlig unbrauchbar.

Um sich effektiv verteidigen zu können, ist die Position B am geeignetsten: guter Stand, hohe Beweglichkeit und Flexibilität.

Distanz

In einer körperlichen Auseinandersetzung werden am häufigsten Fußtritte und Fauststöße eingesetzt. Generell müssen Sie aber auch berücksichtigen, daß der Angreifer Ihnen körperlich überlegen sein kann.

Um sich dann in solch einer Situation behaupten zu können, sollten Sie sich aber auch darüber Gedanken machen:

1. Sie sollten sich – wenn möglich – außerhalb der Reichweite (von Fußtritten und Fauststößen) des Gegners aufhalten. Wenn er dann angreift, können Sie den Angriff noch erkennen und entsprechend reagieren oder ausweichen.

   Werden sie überraschend (von hinten) angegriffen, haben Sie jedoch keine Zeit, um auf Distanz zu gehen – Sie müssen sofort reagieren!

2. Wenn Sie bereits in ein Handgemenge verwickelt sind, bleiben Sie eng am Angreifer. Er kann keine Fußtritte mehr gegen Sie einsetzen (die Distanz ist viel zu kurz), und er kann auch nur noch bedingt Fauststöße austeilen.

   Sie aber können mit gelernten Ellbogentechniken und Kniestößen und Handballenstößen noch einige wirkungsvolle Abwehrtechniken einsetzen und – nach wirkungsvollem Einsatz – weglaufen.

Das folgende Schaubild soll Ihnen dies noch weiter verdeutlichen:

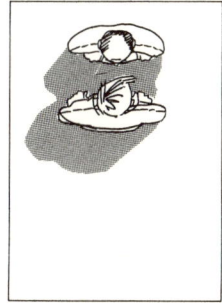 Abb. 9 In dieser Distanz können Fußtritte nicht und Handtechniken nur bedingt eingesetzt werden.

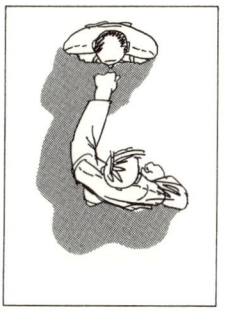 Abb. 10 Dies ist die Distanz, um Handtechniken und Kniestöße effektiv einzusetzen.

 Abb. 11 Dies ist der Abstand nur für Fußtritte – Handtechniken finden hier keine Anwendung.

Trainingshilfsmittel

Damit Sie spüren, wieviel Kraft hinter Ihrem Schlag oder Fußtritt steckt, empfehle ich Ihnen, sich ein Schlagpolster anzuschaffen. Ein Sandsack dient ebenfalls zum Trainieren. Diese Trainingshilfsmittel erlauben es Ihnen, alle hier beschriebenen Grundtechniken und Kombinationen praxisnah und hart zu üben. Ebenso verbessern Sie dadurch ihr Reaktionsvermögen und Ihr Abstandsgefühl zum Angreifer und finden so schneller den rechten Augenblick für die Anwendung der Technik heraus. Entscheidend ist aber, daß Sie selbst erkennen, wieviel Wucht hinter Ihrer eigenen Technik steht. (Sie werden feststellen, daß es ein Unterschied ist, gegen einen Widerstand zu schlagen oder nur in die Luft.) Und Ihr Übungspartner, der das Schlagpolster hält, kann Sie auf Fehler in der Körperhaltung oder Koordination hinweisen. – Bei dieser Art von Partnertraining lernen Sie auch, Selbstverteidigungstechniken situationsgerecht und unter Streß anzuwenden. – Eine gute Koordination ist Voraussetzung für einen sicheren Stand, harte, schnelle und präzise Technik, richtige Atmung, korrekten Abstand. Nur wenn alle diese Komponenten zu einer Einheit verschmelzen, ist die Technik richtig. (Denn was nützt die beste Technik, wenn Sie den Angreifer nicht treffen?)

Das Schlagpolster

Es eignet sich sehr gut, um die einzelnen Techniken mit dem Übungspartner hart und sehr flexibel zu trainieren. So können Sie zum Beispiel einen Fußtritt in der Vorwärtsbewegung, in der Rückwärtsbewegung, mit einem Schritt seitwärts nach links oder rechts, eingesprungen und so weiter üben. Welche Variationen und Kombinationen Sie ausführen, bestimmen Sie selbst. Im Laufe der Zeit werden Sie ein Gefühl dafür entwickeln, welche Techniken sich wie kombinieren lassen.

Auf diese Weise verbessern Sie auch Ihr »Timing« (und den eigenen Abstand zum Gegner). Das bedeutet, bei richtigem Abstand den günstigsten Zeitpunkt wählen zu müssen, um Ihre Abwehrmaßnahme beim Gegner am effektivsten und härtesten einzusetzen.

Auf den nachfolgenden Bildern sehen Sie, wie Sie die einzelnen Selbstverteidigungstechniken am Schlagpolster gezielt üben können. Erläuterungen zu den Bewegungen finden Sie im Kapitel »Grundtechniken«.

1   *Vorwärtstritt*

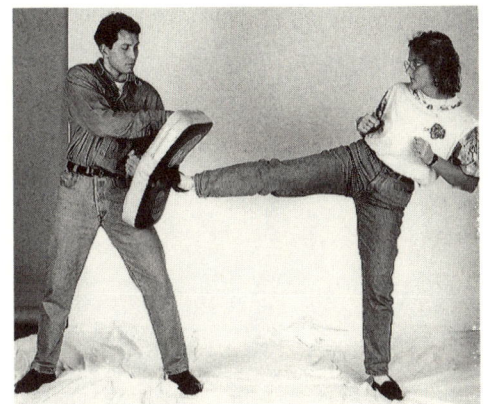

2   *Seitwärtstritt*

3   *Rückwärtstritt*

4   *Kniestoß*

5   *Handballenstoß*

6   *Ellbogenstoß*

Der Sandsack

Am Sandsack können Sie ebenfalls alle in diesem Buch gezeigten Hand- und Fußtechniken äußerst hart üben. Sie brauchen dafür aber keinen Übungspartner wie beim Schlagpolster.

Auch hier ist es sehr wichtig, alle Techniken sehr exakt auszuführen. Erst durch die korrekte, schnelle und harte Anwendung erzielen Sie die erforderliche Wirkung. Üben Sie deshalb sehr konzentriert!

Wenn Sie sich einen Sandsack besorgt haben, füllen Sie ihn nicht mit Sand, sondern mit alten Kleidungsstücken. Dadurch wird das »Innenleben« des Sandsackes stabil, aber Sie schonen Ihre Gelenke beim Üben.

Bedenken Sie, daß Sie für einen Sandsack ausreichend Platz sowie eine Möglichkeit, ihn aufzuhängen, benötigen.

7

Wirkungen beim Angreifer

Wie muß ich die Techniken einsetzen, um beim Angreifer die entsprechende Wirkung zu erzielen?

Der menschliche Körper ist äußerst belastbar und besitzt die Eigenschaft, sich verhältnismäßig schnell wieder zu regenerieren. Zudem hat der menschliche Körper die Fähigkeit, Schmerzen zu ertragen. Um nun mit den zur Selbstverteidigung erforderlichen Schlag- und Fußtechniken die notwendige Wirkung beim Angreifer zu erzielen, müssen Sie diese Techniken, wie schon gesagt,

O äußerst hart,

O entschlossen,

O schnell und

O gezielt

ausführen.

Bedenken Sie, daß zum Beispiel im Winter eine gefütterte Jacke oder ein dicker Mantel den Angreifer vor Ihrem Schlag schützt und Ihre Abwehrtechnik den Zweck nicht erfüllen kann. Daher sollten Sie nur die empfindlichsten und leicht zu treffenden Körperstellen des Angreifers attackieren.

Empfindliche Stellen des menschlichen Körpers

Die in der Abbildung markierten Punkte sollen Ihnen die besonders schmerzempfindlichen Partien beim Menschen vor Augen führen.

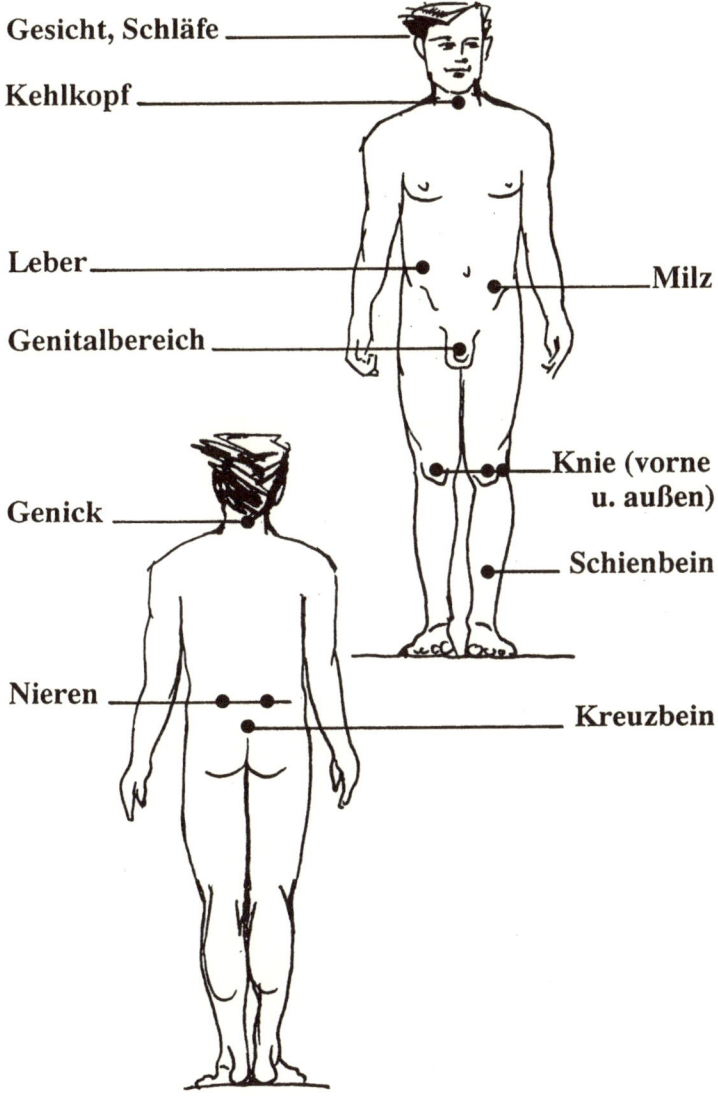

Gesicht, Schläfe

Kehlkopf

Leber

Genitalbereich

Milz

Knie (vorne u. außen)

Schienbein

Genick

Nieren

Kreuzbein

Abb. 12: *Angriffspunkte am menschlichen Körper.*

Die folgende Auflistung zeigt Ihnen Beispiele, wo Sie welche Technik wirkungsvoll einsetzen können.

Körperteil	Technik
Kopf (Gesicht, Schläfe) Kehlkopf	Handballenstoß, Fauststoß, Ellenbogenschlag, Fingerstich
Leber/Milz (Bereich) Nieren/Kreuzbein	Kniestoß, Fußtritt, Ellenbogenstoß (rückw.)
Genitalbereich	Kniestoß, Fußtritt
Knie, Schienbein	Fußtritte

Erläuterungen:

Priorität 1: Das Knie
Fußtritte gegen das Knie des Angreifers sind äußerst effektiv und relativ leicht durchzuführen:
O Das Knie ist stark exponiert und kann mit der Hand nicht geschützt werden.
O Ein kräftiger, schnell ausgeführter Tritt etwas unterhalb der Kniescheibe des Gegners kann es so verletzen, daß der Angreifer nicht mehr in der Lage ist zu stehen, geschweige denn zu laufen.
Der Angriff seitwärts zum Knie ist sehr günstig, da das Kniegelenk keine Ausweichmöglichkeiten hat und nur ein geringer Kraftaufwand notwendig ist.

Priorität 2: Genitalien
Fußtritte zu den Genitalien des Angreifers sind ebenfalls äußerst effektiv; diese Stellen sind jedoch nicht so leicht zu attackieren, da sich der Angreifer bewegt und kein statisches Ziel abgibt (wie ein Sandsack).
Der Genitalbereich des Menschen, egal ob bei Mann oder Frau, ist äußerst empfindlich. Kniestöße und Fußtritte in die Genitalien lösen einen anhaltenden Schmerz aus und können beim Angreifer zur Bewußtlosigkeit führen.

Priorität 2: Kehlkopf
Die seitlichen Halspartien sind durch Muskeln relativ gut geschützt – der Kehlkopf jedoch nicht.

Ein Schlag oder Druck auf den Kehlkopf führt zu einer Schwellung der Schleimhäute und blockiert dadurch die Atemwege. Die Folge ist Bewußtlosigkeit nach etwa 15 bis 20 Sekunden.

Priorität 3: Kopf (Gesicht – Nase, Ohren, Kinn, Augen)
Techniken wie Handballenstoß, Ellbogenschlag, die zur Nase oder zum Kinn des Angreifers ausgeführt werden, sind sehr schmerzhaft und veranlassen in der Regel den Angreifer, wenn auch nur kurzzeitig, von seinem weiteren Vorgehen Abstand zu nehmen.

Diese Zeit (eine bis fünf Sekunden) müssen Sie nutzen, um weitere Techniken (wie Fußtritte, Kniestöße und dergleichen) einzusetzen.

Ablenkung durch Schocktechniken

Der menschliche Körper reagiert auf verschiedene Reize. Sie können physischer, optischer und akustischer Natur sein.

Durch sogenannte »Schocktechniken«, die sich dieser Reize bedienen, lenken Sie den Angreifer von Ihren eigentlichen Selbstverteidigungstechniken ab. Während dieser »Schockphase« sind die Reflexe des Angreifers weitgehend ausgeschaltet. Nutzen Sie dann diese Phase, um Ihre eigentliche Abwehrtechnik anzuwenden.

Eine Ablenkung oder eine Schockwirkung beim Angreifer erzielen Sie beispielsweise durch:
○ lautes Anschreien,
○ Anspucken,
○ Gegenstände ins Gesicht werfen (Zeitung, Zigarette, Feuerzeug, Schal ...),
○ einen Tritt gegen das Schienbein oder Knie,
○ Kratzen,
○ Kneifen,
○ Beißen,
○ plötzliche, schnelle Bewegungen
und ähnliches.

Solche unerwarteten Reaktionen irritieren beziehungsweise überraschen den Angreifer und können seine Handlungsfähigkeit für einige Sekunden lähmen. Gelingt es Ihnen, den Angreifer auf solche Weise abzulenken, haben Sie (nur) wenige Sekunden Zeit, sich durch gezielte Fuß- und Beintechniken oder Hand- und Armtechniken zu verteidigen.

II. Grundtechniken

Diese Techniken bilden die Grundlage für alle Varianten der Selbstverteidigung. Zu ihnen zählen das richtige Fallen, Hand-, Arm-, Fuß- und Beintechniken. Üben Sie die Techniken, wenn möglich, mit einem Partner. Außerdem ist es wichtig, sie nach beiden Seiten, links und rechts, zu beherrschen. Trainieren Sie mit ganzer Aufmerksamkeit. Fehlende Konzentration und mangelnde Selbstkontrolle beim Üben kann zu Verletzungen des Übungspartners führen.

Fallschule

Unter der »Fallschule« versteht man die Kunst des richtigen Fallens. Werden Sie zum Beispiel von einem Angreifer umgestoßen und stürzen dabei auf den Kopf, sind Sie vermutlich nicht mehr in der Lage, sich effektiv zu verteidigen. Wenn Sie richtig zu fallen gelernt haben, steigen Ihre Chancen einer wirksamen Abwehr erheblich. Abgesehen davon, kann die »Kunst, richtig zu fallen« auch in anderen Situationen (zum Beispiel Rutschgefahr bei Eisglätte im Winter) von Vorteil sein.

Wichtig: Während des Fallens kräftig ausatmen. Dadurch wird der Körper etwas entspannt und die Luft aus den Lungen gepreßt. Dies verhindert, daß die Atmungsorgane durch den Aufprall am Boden verletzt werden.

Eine ideale Unterlage für die Gymnastik und das Üben der Fallschule in den eigenen vier Wänden ist die Gymnastikmatte. Eine dicke Schaumstoffunterlage oder ein weicher Teppich tun's aber auch.

Keinesfalls sollten Ungeübte die Fallübungen auf Stein- oder Parkettböden trainieren!

Die Kleidung soll bequem und luftig sein. Ein Jogginganzug wäre vorteilhaft.

Fallschule seitwärts (rechte Seite)

Bei entspannter Körperhaltung beugen Sie die Knie etwas. Das rechte Bein schwingen Sie nach vorne und verlagern gleichzeitig das Körpergewicht nach rechts (Bilder 8 und 9). Dann versuchen Sie mit der rechten Gesäßhälfte Kontakt zum Boden zu bekommen (Bild 10).

Um den Fall zu »dämpfen«, fangen Sie mit dem fast gestreckten rechten Arm im Winkel von 45 Grad zum Körper den Aufprall ab (Bild 11). Der Körper trifft seitlich auf den Boden auf. Gleichzeitig wird das Kinn zur Brust herangezogen. – Und nicht vergessen, während des Falls kräftig auszuatmen! – Anschließend rasch aufstehen.

8   9

10

11

Fallschule rückwärts

Werden Sie von vorne umgestoßen, versuchen Sie den Körper zu entspannen, und sinken Sie etwas in die Hocke. Ziehen Sie dann das Kinn fest zur Brust (Bild 12). Um die Sturzphase so weich wie möglich einzuleiten, sollte das Gesäß zuerst auf dem Boden auftreffen, dann der Rücken und die Schultern – aber keinesfalls der Kopf (Bilder 13 und 14).

12

13

14

Um die Wucht des Aufpralls zu vermindern, muß mit beiden Armen jeweils im Winkel von 45 Grad zum Körper der Fall abgefangen werden.

Auch hier denken Sie daran, während der Ausführung der Falltechnik kräftig auszuatmen. Nach gelungenem Fall versuchen Sie so schnell wie möglich aufzustehen und einen sicheren Stand zu halten. Sollte dies nicht möglich sein, da der Angreifer schon zu nahe ist, nehmen Sie die seitliche Verteidigungslage ein, die im folgenden Abschnitt beschrieben wird.

Seitliche Verteidigungslage
(Sie gilt sowohl für die Fallschule rückwärts als auch für die Fallschule seitwärts.)

Haben Sie nach gelungener Falltechnik nicht mehr die Zeit, schnell aufzustehen, da der Angreifer schon zu nahe ist, nehmen Sie sofort die seitliche Verteidigungslage ein (Bild 15).

Dadurch, daß Sie die Arme und Beine enger an den Körper heranziehen, schützen Sie Ihren Körper und bieten dem Angreifer weniger Angriffsfläche.

Ist der Angreifer bis auf Reichweite der Beine herangekommen, führen Sie sofort einen kräftigen Fußstoß zum Knie oder zu den Genitalien des Angreifers aus (Bild 16).

Nach erfolgreicher Abwehr versuchen Sie schnellstmöglich aufzustehen. Wenden Sie während des gesamten Vorgangs niemals den Blick vom Angreifer ab.

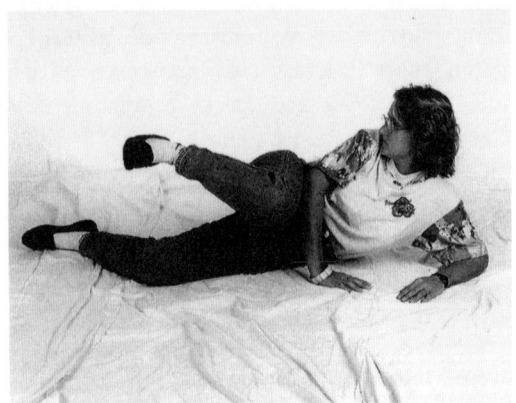

15

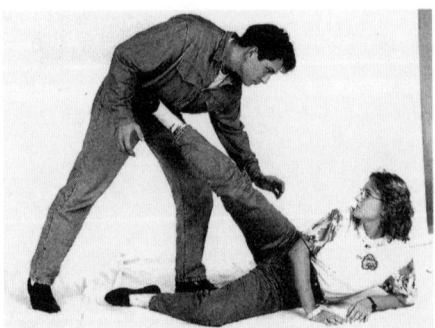

16

Handtechniken

Bei den Handtechniken bleiben Halte-, Hebel- und Wurftechniken absichtlich unberücksichtigt, da diese zwar als wirksam zu betrachten, aber schwer zu erlernen sind. Hier beschränken wir uns daher auf direkte und effektive Schlagtechniken, wie den Handballenstoß, Ellbogenstoß und Ellbogenschlag. Diese Techniken erzielen ihre Wirkung im nahen Distanzbereich und sind leicht zu erlernen.

Handballenstoß

Beim Handballenstoß trifft nur der Handballen auf (Bild 17).

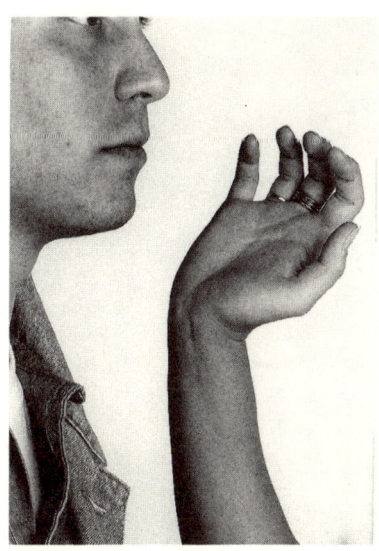

17

Der Handballenstoß muß schnell und ruckartig ausgeführt werden. Der Handballen trifft dabei das Kinn oder die Nase des Angreifers (Bild 18). Nach erfolgter Technik ziehen Sie die Hand so schnell wie möglich zurück und führen, wenn erforderlich, weitere Techniken aus.

Denken Sie an die richtige Atmung! Während des Stoßes kräftig ausatmen.

18

Praktische Anwendung eines Ellbogenstoßes vorwärts.

Ellbogenschlag

Beim Ellbogenschlag erfolgt die Ausführung in einer halbkreisförmigen Bewegung seitlich zum Kopf des Angreifers (Bild 19). Es trifft die Ellbogenspitze auf (Bild 20). Bei gleichzeitiger Drehung des Oberkörpers in Schlagrichtung werden Geschwindigkeit und Wucht des Schlages noch erhöht (Bild 21 und Abbildung 13).

Achten Sie auf richtiges Ausatmen während der Technik.

19   20

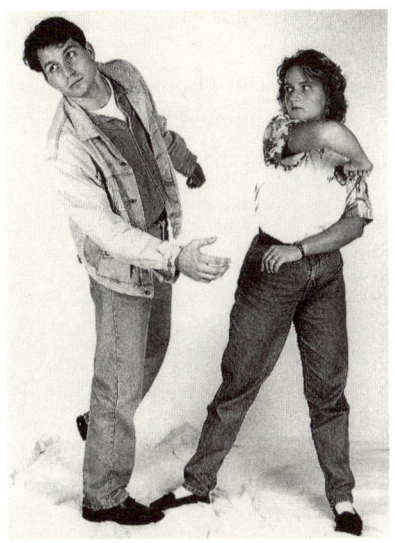

21

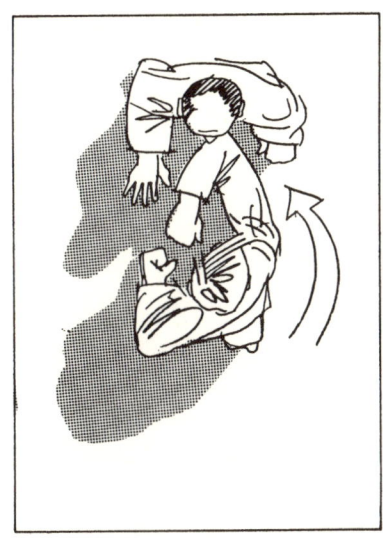

Abb. 13:
Drehung des Oberkörpers.

Ellbogenstoß (rückwärs oder seitwärts)

Beim Ellbogenstoß trifft nur die Ellbogenspitze auf (Abbildung 14 und Bild 23). Ziele des Ellbogenstoßes sind Gesicht, Kinn und Magen.

Abb. 14: *Ellbogenstoß*

Hierbei können Sie die Intensität der Technik erhöhen, indem Sie mit einer Gegenbewegung beginnen (Bilder 24 und 25). Durch anschließendes Drehen des Kopfes in die Richtung des Angreifers geben Sie dem Stoß einen zusätzlichen Impuls (Bild 26).

22

23

Einsetzen können Sie diesen Stoß
gegen Umklammerungen, Festhalten und ähnliches.

24

25

26

*Ellbogenstoß rückwärts in
der Praxis.*

*Ellbogenstoß seitwärts:
Einsatz in der Praxis.*

Fuß- und Beintechniken

Sie gelten für die weitere Distanz. Durch die größere Reichweite der Beine kann man den Angreifer in einiger Entfernung halten. Fußtechniken sind gegenüber den Handtechniken zwar kraftvoller, aber langsamer.

Bei den Fußtechniken handelt es sich um Tritte, die in verschiedenen Varianten einzusetzen sind. Sie können Fußtritte zum Beispiel benutzen, um den Angreifer zu stoppen oder um ihn wegzustoßen.

Die für Sie wichtigsten Fußtritte sind der

○ Vorwärtstritt,
○ Seitwärtstritt,
○ Rückwärtstritt.

Sie werden anschließend ausführlich dargestellt. Grundvoraussetzungen für einen effektiven Fußtritt sind ein sicherer Stand sowie die sehr schnelle, exakte und harte Ausführung. Wesentlich ist auch die Höhe des Fußtritts – er soll nicht über Magenhöhe hinausgehen (unabhängig davon, um welchen Tritt es sich handelt). Dies gewährleistet auch, daß Sie Ihren verhältnismäßig sicheren Stand beibehalten.

Ausgangsposition für Fußtechniken

Um sich mit Fußtechniken gegen einen Angriff wehren zu können, benötigen Sie einen sicheren Stand und ein stabiles Gleichgewicht.

Beinhaltung und Fußstellung sollen locker und natürlich, der Oberkörper soll aufrecht und der Blick auf den Angreifer gerichtet sein. Die Füße stehen in der Länge etwa einen Schritt und in der Breite etwa schulterbreit auseinander, die Zehen sind nach vorne gerichtet (Bilder 27 und 28).

27   28

Beide Beine sind leicht angewinkelt und dadurch in »Spannung« gehalten. Durch diese Spannung lassen sich die Fußtechniken explosiv und ansatzlos ausüben. »Ansatzlos« heißt, daß Sie während der Ausführphase des Fußtrittes dem Gegner nicht die Möglichkeit geben, Ihr Vorhaben zu erkennen.

Die Skizzen bei den einzelnen Techniken verdeutlichen die Position der Füße und den Bewegungsablauf.

Vorwärtstritt (= Schnapptritt)

Die Ausgangsposition ist eine natürliche Körperhaltung. Beim abgebildeten Beispiel tritt der rechte Fuß.

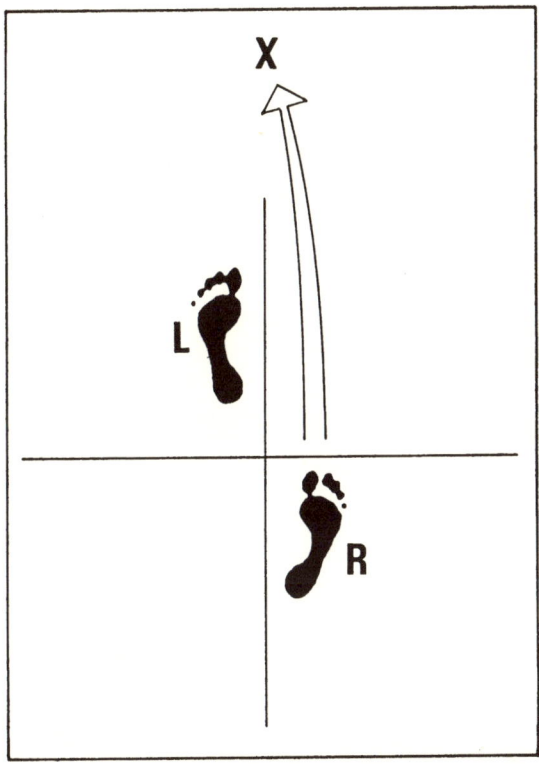

Abb. 15: *Die Füße stehen leicht schräg hintereinander, der hintere Fuß löst sich und tritt mit Schwung nach vorn.*

Diese Fußstellung gilt sowohl für den Vorwärtstritt als auch für den Kniestoß.

Ziel des Vorwärtstritts können das Schienbein, das Knie, der Magen, die Rippen oder der Unterleib sein.

Das tretende rechte, hintere Bein wird hochgezogen (das Knie soll etwa in Magenhöhe sein). Die Hüfte wird nach vorne gedreht. Das linke Standbein ist leicht gebeugt und der Oberkörper aufrecht (Bild 29).

29

30

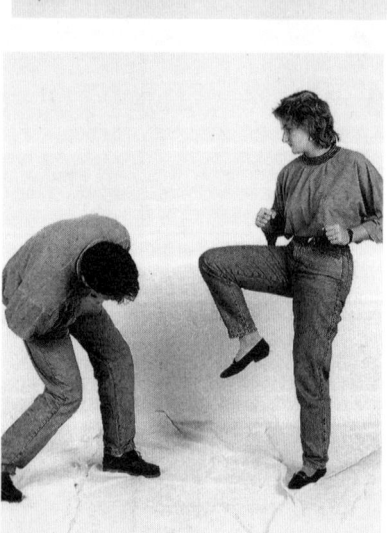

31

Aus dieser Position wird das rechte Bein schnell nach vorne »geschnappt« (Bild 30). Sofort nach dem Auftreffen wird das Bein wieder angewinkelt und in die Ausgangsposition zurückgezogen (Bild 31). Bei diesem Tritt stoßen der Fußballen (in den Magen, die Rippen) oder der Fußspann (in den Unterleib) zu. Für einen wirkungsvollen Fußtritt sind Körpereinsatz, Geschwindigkeit und exakte Ausführung ausschlaggebend.

Wird der Fußtritt mit Schuhen ausgeführt, reicht es vollkommen aus, wenn die Schuhspitze trifft.

Vorwärtstritt gegen Angriff mit Fauststoß.

Seitwärtstritt

Der Seitwärtstritt zählt zu den härtesten Fußtritten. Er läßt sich sowohl zum Stoppen des Angreifers einsetzen, als auch um ihn wegzustoßen.

Abbildung 16 zeigt den Tritt nach rechts, bei dessen Ausgangsstellung der Fuß vorne steht.

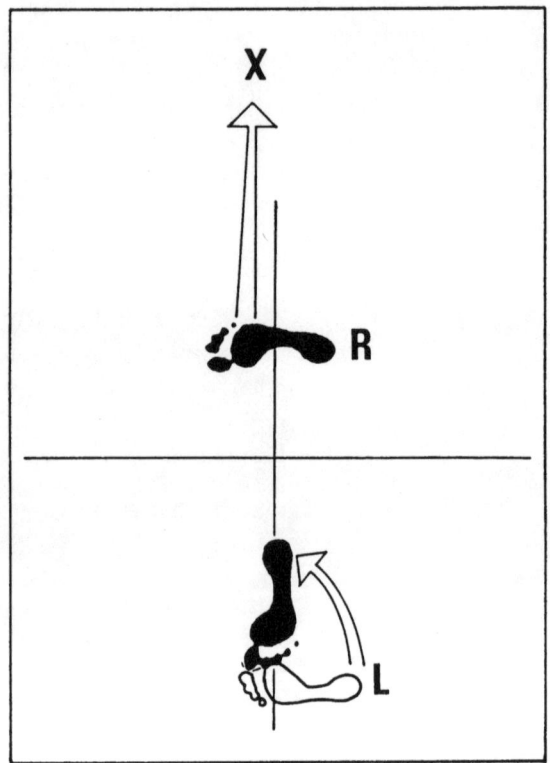

Abb. 16: *Ausgangsposition, Dreh- und Trittbewegung der Füße beim Seitwärtstritt.*

Sie ziehen das Knie des rechten Beines schnell hoch, schieben die rechte Hüfte nach vorne und drehen das Standbein mit der Ferse in Richtung Angreifer (Bild 32). Dann stoßen Sie das angewinkelte Bein auf den Angreifer (Bild 33) und ziehen es nach dem Tritt blitzschnell in die Ausgangsposition zurück. Beim Seitwärtstritt trifft die Fußaußenkante oder die Ferse.

32

33

Als Ziele können Sie die Oberschenkel, Knie, Hüfte oder den Unterbauch des Gegners attackieren.

Achten Sie auch hier wieder auf die richtige Atmung – während des Fußtrittes kräftig ausatmen!

Extrem hohe Ausführung des Seitwärtstritts im Training.

Rückwärtstritt

Der Rückwärtstritt zählt zu den effektivsten Tritten. Sie können ihn auch einsetzen, wenn Sie gehen oder laufen und jemand Sie verfolgt.

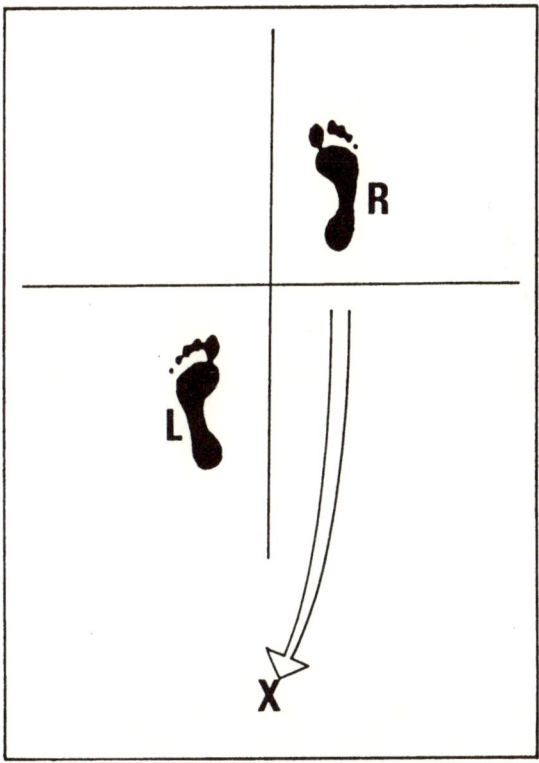

Abb. 17: *Die Füße stehen leicht versetzt hintereinander, der vordere Fuß (hier der rechte) führt den Tritt nach hinten aus.*

Aus einem sicheren Stand, bei dem hier der rechte Fuß vorn und der linke hinten steht (siehe Abbildung 17), zuerst den Oberkörper nach rechts drehen und über die rechte Schulter zum Angreifer sehen (Bild 34).

Gehen Sie dann etwas in die Hocke und reißen Sie das Knie des Trittbeines (hier des rechten Beines) hoch. Dann treten Sie schnell nach hinten (Bild 35).

Dabei zeigt das Knie nach unten, die Ferse erreicht den Angreifer (Bild 36).

Anschließend ziehen Sie das ausführende Bein sofort zurück (Bild 37).

Vorrangige Ziele des Rückwärtstrittes sind Magen und Genitalbereich. Zum einen steckt in einem Fußtritt bis zu dieser Höhe die notwendige Wucht, zum anderen stehen Sie bei dem Tritt sicher – ohne die Balance zu verlieren.

Stoppen des Angrreifers durch Rückwärtsschritt.

Versuchen Sie deshalb nicht, höher als bis zum Magen zu treten. Es könnte den Verlust Ihres Gleichgewichtes zur Folge haben, und Sie würden sich dadurch in erhebliche Bedrängnis bringen.

Denken Sie an Ihr Gleichgewicht und an die richtige Atmung.

34

35

36

37

Kniestoß

Kniestöße sollen dann eingesetzt werden, wenn der Angreifer bereits zu nahe für einen Fußtritt herangekommen ist oder wenn er sich schon unmittelbar vor Ihnen befindet und eine Umklammerung, einen Würgeangriff oder Sie am Revers zu greifen versucht. – Die Darstellungen zeigen die Ausführung mit dem rechten Fuß.

Um beim Kniestoß die ganze Kraft freizusetzen, packen Sie die Jacke oder den Pullover des Angreifers und ziehen seinen Oberkörper kräftig nach unten (Bilder 38 und 39). Gleichzeitig winkeln Sie das rechte, hintere Bein ab und reißen das Knie schnell nach oben (Bild 40). Dabei bringen Sie Ihren Oberkörper leicht in Rücklage. Nach dem Stoß sofort das Bein in die Ausgangsposition zurücksetzen, oder gleich eine weitere Technik folgen lassen. – Und nicht vergessen: Ein sicherer Stand und richtiges Atmen sind wichtig. (Zur Fußstellung siehe »Vorwärtstritt«, Seite 47 ff.)

38

39

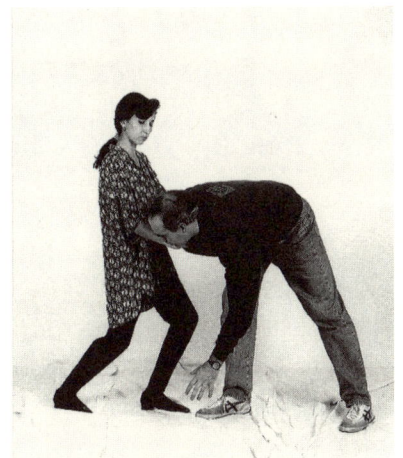

40

Kniestoß: praktische Anwendung in einer Straßenszene

III. Abwehr in der Praxis

Wie schon erwähnt, müssen wir uns hier nur auf einige Angriffs- und Abwehrsituationen beschränken. Es wäre unmöglich, alle Angriffsvarianten zu erläutern. Außerdem läßt sich für einen Angriff keine »ideale« Abwehr angeben. Jede Situation verläuft anders und kann daher nicht vorprogrammiert werden.

Die folgenden praxisbezogenen Beispiele schildern die häufigsten Angriffslagen. Sie sollen Ihnen verdeutlichen, daß Sie sich mit wenigen Techniken effektiver zur Wehr setzen können als mit einer Unmenge von Hebeln, Würfen und Halte- oder Transportgriffen. Denn nur jene Technik nützt, die Ihnen in »Fleisch und Blut« übergegangen ist. Denn die Zeit, von »448« verschiedenen Möglichkeiten die geeignetste auszuwählen, haben Sie im Ernstfall nicht. Vielleicht fiele Ihnen in dieser Streßsituation auch keine ein.

Ziel ist es daher, die wenigen Grundtechniken untereinander zu kombinieren. Man hat zwar nur ein kleines Repertoire zur Verfügung, dafür jedoch ein sehr effektives. Versuchen Sie anfangs, die Techniken langsam und möglichst korrekt auszuführen. Erhöhen Sie die Ausführungsgeschwindigkeit der Technik erst, wenn der Bewegungsablauf der Technik und der Abstand zum Gegner stimmen.

Achten Sie stets auf die richtige Atmung: Während Sie die Technik durchführen, atmen Sie kurz und rasch aus.

Verteidigung gegen Handgelenkfassen

Vermeintlich kleine Probleme entpuppen sich meist erst später als ein einziges, fast unlösbares Problem. Bei einer Belästigung beispielsweise kann das ebenso der Fall sein.

Der Griff um das Handgelenk bedeutet eigentlich keine große Gefahr für Sie. Noch können Sie sich verhältnismäßig einfach aus der Situation befreien. Augenblicke später finden Sie sich vielleicht jedoch in einer sehr gefährlichen Situation wieder. Ersticken Sie also einen Angriff oder eine Belästigung schon im Keim. Verteidigen Sie sich schon dann, wenn die Abwehr noch relativ einfach ist.

Speziell für eine Frau kann der Griff nach dem Handgelenk unabsehbare Folgen haben. Denn der Angreifer mag vorhaben, sie in ein Auto, hinter ein Gebüsch oder in einen Hof zu zerren. Sich dann aus einer solchen Lage zu befreien, ist schwer.

Die folgenden Beispiele zeigen Ihnen wirksame Abwehrmöglichkeiten gegen das Handgelenkfassen.

Gleichseitiges Handgelenkfassen mit Zug nach vorne

Wenn der Angreifer Sie am Handgelenk nach vorne zieht (Bild 41), geben Sie dem Zug durch einen »Ausfallschritt« nach vorne nach (Bild 42) und wehren den Angriff durch einen Vorwärtstritt in den Magen des Gegners ab (Bild 43). Danach lösen Sie den Griff durch Herausziehen der Hand über den Daumen und Zeigefinger (Bild 44). Daumen und Zeigefinger bilden beim Festhalten den schwächsten Punkt (Bild 45).

Wenn erforderlich, führen Sie einen weiteren Fußtritt aus, dann entfernen Sie sich schnell vom Angreifer.

 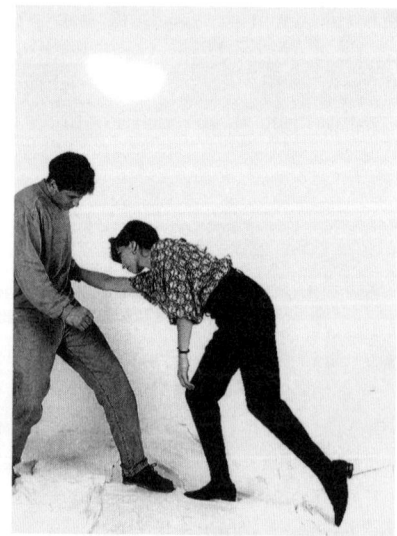

41   42

43

44

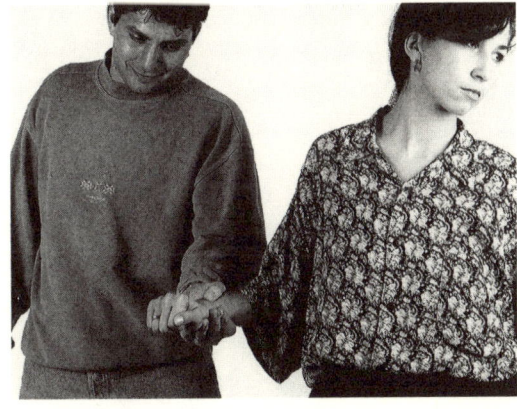

45

Unter Ausfallschritt versteht man ein Vorschnellen des Körpers, um Platz und Raum zu gewinnen. Durch den Ausfallschritt können Sie die Distanz zum Gegner verkürzen, um Kniestöße und Ellbogentechniken einsetzen zu können. Durch einen Ausfallschritt rückwärts oder seitwärts können Sie den Abstand zum Angreifer vergrößern und sich dadurch seinem Angriff entziehen und dann aus der Distanz geeignete Abwehrtechniken einsetzen (Fußtechniken).

Diagonales Handgelenkfassen

Sie brechen die gegnerische Handlung (Bild 46) durch einen seitlichen Fußtritt zum Knie, zu den Rippen, dem Oberschenkel, den Genitalien oder zum Magen ab (Bild 47). Wenn Sie dem Angreifer näher sind, führen Sie noch einen Kniestoß in die Niere aus (Bild 48). Danach lösen Sie den Griff durch Herausziehen der Hand über Daumen und Zeigefinger (Bild 49 und siehe vorher).

46

47

48

49

Umklammerungen

Eine Umklammerung schränkt Ihre Bewegungsfreiheit stark ein. Jemanden zu umklammern, kann auf verschiedenste Weise geschehen: von vorne, von hinten, von der Seite, über den Armen, unter den Armen ...

Wie überall, gilt es auch hier, bereits dem Versuch einer Umklammerung zu entkommen und sich sofort zu verteidigen. Wehren Sie sich, solange die Abwehr noch verhältnismäßig einfach ist.

Werden Sie schon umklammert, so bemühen Sie sich, durch einen Ausfallschritt nach vorne oder nach hinten Platz zu gewinnen – dies gilt für alle Arten einer Umklammerung.

Die folgenden Darstellungen zeigen verschiedene Abwehrmöglichkeiten gegen Umklammerungen.

Umklammerung von vorne über den Armen

Bei dieser Umklammerung (Bild 50) ist Ihre Bewegungsfreiheit äußerst begrenzt. Dennoch haben Sie die Chance, sich durch einen »taktilen Reiz« aus der Umklammerung zu lösen. Dies geschieht, indem Sie den Angreifer mit Daumen und Zeigefinger in die Innenseite des Oberschenkels kneifen (Bild 51) und bei der ersten Reaktion des Angreifers sofort mit einem Kniestoß oder einem Vorwärtstritt nachsetzen (Bild 52).

50

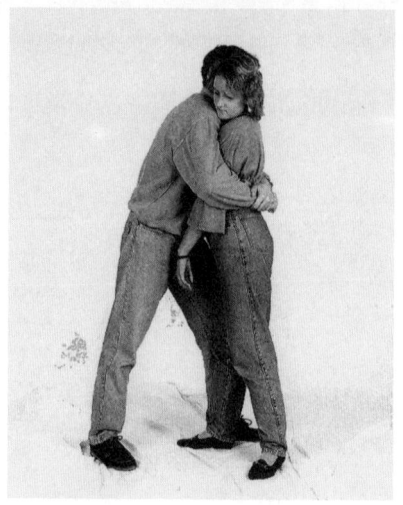

51

52

Umklammerung von vorne unter den Armen

Zuerst führen Sie einen »Preßluftschlag« auf beide Ohren (Bild 53) und/oder einen Handballenstoß zum Kinn oder zur Nase des Angreifers aus (Bild 54). Darauf folgt ein kräftiger Kniestoß oder Vorwärtstritt in die Genitalien des Gegners (Bild 55) – ein Ausfallschritt zuvor schafft Ihnen etwas Platz für die Beintechnik.

53

54

55

Wenn Sie einen Schlag mit der offenen Hand zum Ohr des Angreifers ausführen (links und rechts gleichzeitig), baut sich in dessen Gehörgang ein starker Überdruck auf. Dadurch können die Trommelfelle zerreißen. Eine weitere Folge des »Preßluftschlages« ist, daß der Gleichgewichtssinn des Angreifers gestört wird und es bei ihm zu erheblichen Orientierungsproblemen kommen kann.

Verwenden Sie den »Preßluftschlag« nicht als Ersttechnik!

Umklammerung von der Seite

Die Abwehr der Umklammerung von der Seite (Bild 56) erfolgt durch einen Seitwärtsfußtritt zum Knie des Angreifers (Bild 57). Anschließend führen Sie einen Ellbogenstoß seitwärts zum Kopf aus (Bild 58).

Wenn noch erforderlich, setzen Sie mit weiteren Kniestößen oder Fußtritten nach. Ebenso können Sie hier durch einen Handballenstoß die Situation für sich entscheiden.

56

57

58

Umklammerung von hinten

Bei einer Umklammerung von hinten (Bild 59) gewinnen Sie durch einen Ausfallschritt nach vorne etwas Platz (Bild 60). Nun können Sie die Umklammerung durch einen kräftigen Ellbogenstoß rückwärts lockern (Bild 61). Sofort danach führen Sie einen Fußtritt rückwärts zum Knie, zu den Genitalien oder zum Magen des Angreifers aus (Bild 62). Wenn die Situation es erfordert, drehen Sie sich schnell um und versetzen dem Angreifer noch einen Kniestoß in den Magen (Bild 63).

Nach erfolgreicher Abwehr entfernen Sie sich schnell vom Angreifer.

59

60

61

62

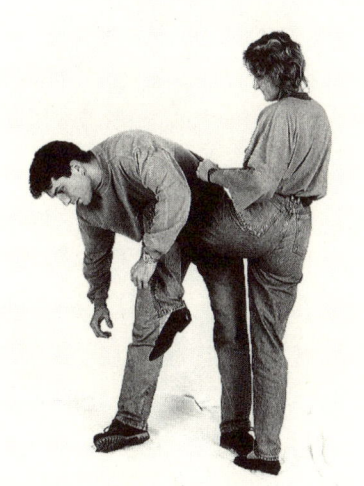

63

Würgen

»Würgeangriffe sind sehr gefährlich«, lautet die allgemeine Ansicht. Diese Aussage stimmt nur zum Teil. So gefahrvoll, wie oft behauptet wird, sind sie nicht, denn meist bleibt genügend Platz zum Ausweichen (nach hinten oder zur Seite).

Die wirkliche Gefahr wäre dann gegeben, wenn Sie mit dem Rücken zu einer Wand stünden oder mit dem Rücken auf dem Boden lägen und der Würgeangriff in solch einer für sie ungünstigen Position erfolgte. Größte Gefahr bedeutet es auch, wenn Sie von hinten gewürgt werden und der Angreifer Ihren Hals mit seiner Armbeuge zusammenzudrücken droht.

Versuchen Sie, den Würgeangriff früh zu erkennen und schnell zu handeln, das heißt, die Schultern hochzuziehen, das Kinn auf die Brust zu senken und eine Abwehrtechnik anzuwenden. Mit schnellen und kraftvollen Fußtechniken können Sie den Angreifer auf Distanz halten. Hat er den Würgegriff aber schon angesetzt (Bild 64), müssen Sie zuerst schnellstmöglich Ihren Kehlkopf schützen. Dies geschieht durch Anspannen der Halsmuskulatur (Hochziehen der Schultern) und gleichzeitiges Senken des Kinns auf die Brust (Bild 65), wie eben erwähnt.

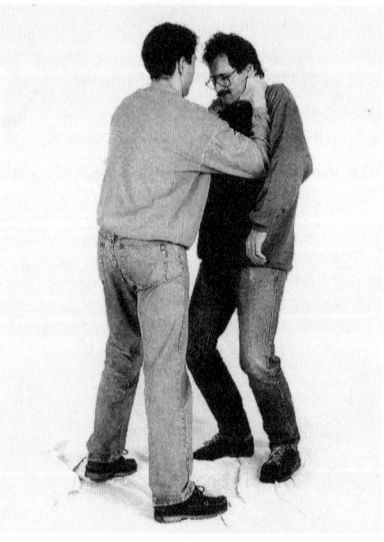 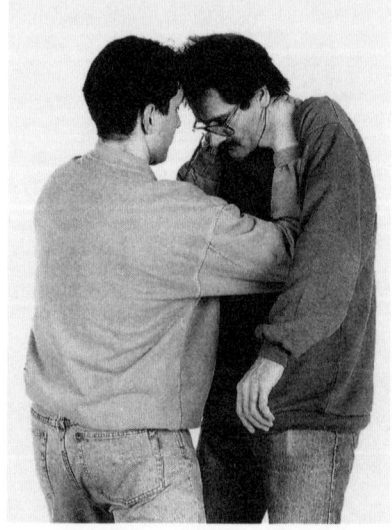

64   65

ACHTUNG: Versuchen Sie nie den Würgegriff des Angreifers mit Ihren Händen zu lösen (Bild 66) – es kostet zuviel Zeit, und die Chancen auf Erfolg sind äußerst gering. (Denn in der Regel wendet jemand den Würgegriff nur an, wenn er körperlich überlegen ist.)

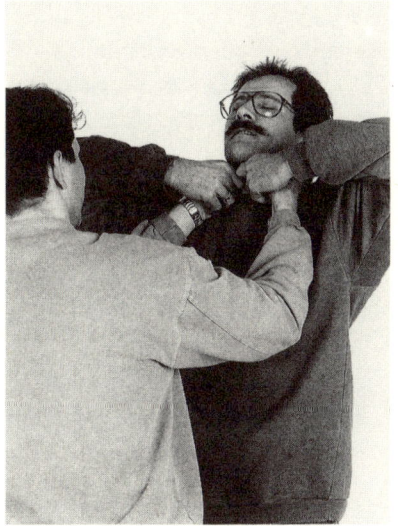

FALSCH

66

Verteidigen Sie sich dann mit den Ihnen bekannten Techniken, wie Kniestoß oder Vorwärtstritt in die Genitalien, und zwar entschlossen und hart.

Wie bei allen anderen Abwehrversuchen gilt auch hier: Reicht eine Technik nicht aus, sich aus der Situation zu befreien, führen Sie unbedingt weitere Techniken und Kombinationen aus.

Die folgenden Beispiele zeigen Ihnen Abwehrmöglichkeiten gegen einige Arten von Würgeangriffen. Alle Angriffsvarianten lassen sich hier nicht berücksichtigen (das Training in einem Kampfsportverein zeigt die verschiedenen gegnerischen Griffe).

Würgen von vorne

Die folgenden Darstellungen verdeutlichen die schon genannte gefährliche Situation, in welcher der Überfallene mit dem Rücken zu einer Wand oder ähnlichem steht, das ihm die Rückenfreiheit nimmt (Bild 67). Als erste Reaktion zieht man die Schultern hoch (Bild 68), gleich folgt ein Ausfallschritt zur Seite. Der so entstandene Raum erlaubt nun, schnell einen Kniestoß oder Vorwärtstritt in die Genitalien auszuführen (Bild 69). Ergänzend können Sie im nahen Distanzbereich auch Handballenstöße und Ellbogentechniken effektiv einsetzen (Bild 70).

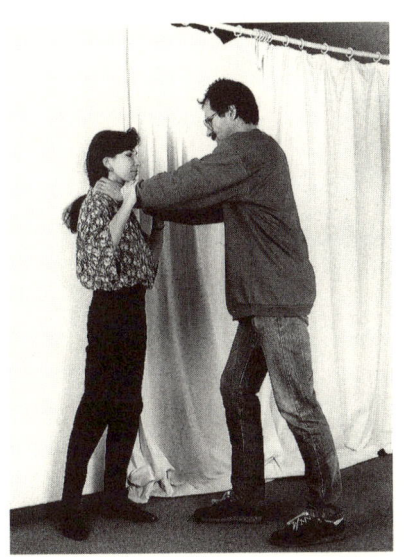

67

68

69

70

Würgeangriff von der Seite

Wird man von einem seitlich angesetzten Würgeangriff überrascht (Bild
71), zieht man die Schultern hoch (Bild 72), führt rasch einen Ellbogenstoß seitwärts in den Magen des Gegners aus (Bild 73) und einen Fußtritt
seitwärts zu dessen Knie (Bild 74). Abschließend können Sie den Angreifer noch an den Haaren zu Boden ziehen (Bild 75).

71

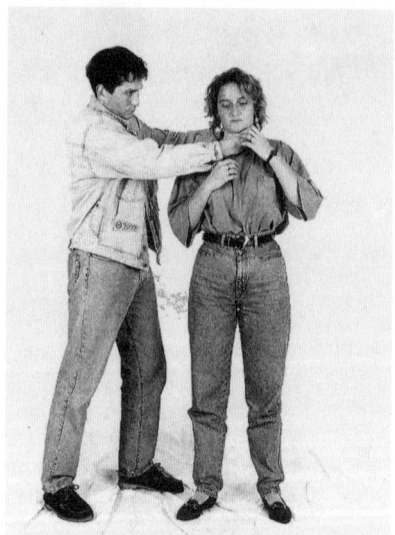

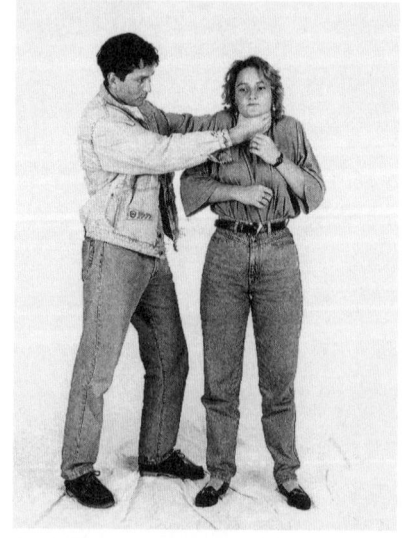

72

73

74

75

Würgen von hinten

Die sofortige Reaktion ist, wie bei jedem Würgeangriff (Bild 76) die Schultern hochzuziehen (Bild 77), ein Ausfallschritt nach vorne und Ellbogenstoß rückwärts schließen sich an (Bild 78). Unmittelbar danach lassen Sie einen Fußstoß rückwärts zum Unterleib des Angreifers folgen (Bild 79).

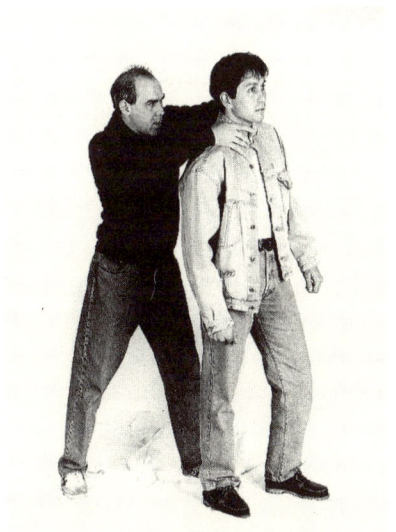

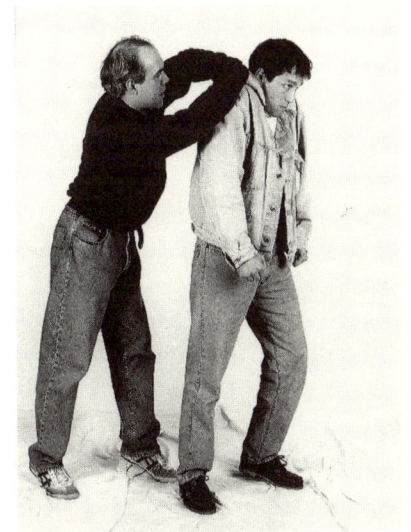

76

77

78

79

Verteidigung gegen Schläge

Wenn es in einem Film zu Kampfhandlungen kommt, sieht man oft, wie der Angegriffene die Schläge des Angreifers sicher und gekonnt abblockt. Das ist allerdings nur im Film möglich, dessen Szenen ja bis ins Detail einstudiert sind.

Die Realität sieht anders aus. Es ist schwer, schnelle und gezielte Schläge durch einen Abwehrblock zu parieren. Der Überraschungseffekt und ihre Geschwindigkeit sorgen dafür. Schläge mit der Faust etwa können mit sehr hoher Geschwindigkeit auftreffen.

Versuchen Sie deshalb den Angreifer mit schnellen, harten und entschlossenen Fußtritten auf Distanz zu halten. Die Fußtritte verschaffen Ihnen mehr Reichweite, als der Angreifer sie hat (Bilder 80 und 81).

80   81

Um einen Angreifer auf diese Weise erfolgreich abwehren zu können, müssen Sie schneller reagieren als er und entschlossen und kompromißlos handeln.

Wie bereits im Kapitel »Schocktechniken« erwähnt, sollten Sie den Gegner durch lautes Anschreien (siehe Bild 81) verunsichern und dann schnell ihre Techniken einsetzen.

Durch das Schreien atmen Sie schnell aus, und die Luft wird auch entsprechend schnell aus den Lungen gepreßt. Außerdem wird durch lautes Schreien ihre Abwehr mental unterstützt.

Umreißen oder Umstoßen

Werden Sie vom Angreifer zu Boden gerissen, versuchen Sie den Sturz so gut wie möglich abzufangen (siehe »Fallschule«). Wenn es Ihnen gelingt, stehen Sie sofort auf. Nur im Stand haben sie gute Chancen einer Abwehr.

Falls das Aufstehen jedoch nicht gelingt, weil der Angreifer schon zu nahe ist, nehmen sie sofort die seitliche Verteidigungslage ein (siehe Seite 36).

Am Boden drehen Sie den Körper auf eine Seite und stützen sich mit den Armen ab. Die Beine winkeln Sie an, um Fußstöße gegen den Angreifer einzusetzen (Bilder 82 und 83).

Wenn der Angreifer versucht, von der Seite oder von hinten an Sie heranzukommen, drehen Sie Ihren Körper immer mit. Ihre Füße zeigen dabei stets zum Angreifer. Lassen Sie den Gegner nie aus den Augen.

Nach erfolgreicher Abwehr versuchen Sie so schnell wie möglich aufzustehen. Entfernen Sie sich vom Angreifer, indem Sie rückwärts gehen oder laufen, ohne ihn auch nur eine Sekunde außer acht zu lassen.

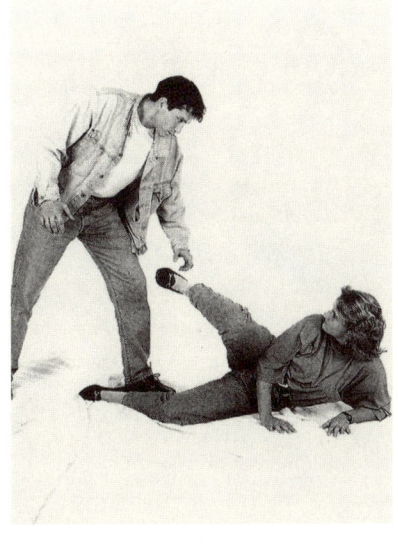 

82   83

Fußtritte abwehren

Das Kapitel über die Grundtechniken zeigte Ihnen, wie Sie die Füße als Waffen einsetzen können und welche Vorteile diese Fußtechniken haben. Sicherlich erkannten Sie, wie wichtig es ist, sich eine Anzahl wirksamer Fußtritte anzueignen. Möglicherweise stellen Sie aber bereits in Ihrem Bekanntenkreis fest, daß viele Menschen Fußtritte anwenden können. Fußtritte findet man in zahlreichen asiatischen Kampfkünsten, sei es nun Karate, Kung-Fu, Taekwondo, Thaiboxen, Hapkido usw. Die Zahl der Mitglieder in Schulen und Vereinen, in denen diese Kampfkünste geübt werden, nimmt zu.

Daher ist es nicht ausgeschlossen, daß Sie bei einer Auseinandersetzung einen Gegner vor sich haben, der diese Fußtritte mehr oder weniger gut beherrscht. Die Wirkung eines solchen Tritts ist Ihnen bekannt. Wesentlich ist es aber auch, zu wissen, wie man sich gegen Fußtritte verteidigt.

Greift jemand Sie durch einen Fußtritt (etwa einen Vorwärtstritt) an, versuchen Sie dem Fußtritt seitlich auszuweichen und gleichzeitig den Tritt des Angreifers abzulenken (Bilder 84 und 85). Das Ausweichmanöver und der Abwehrblock müssen sehr schnell ausgeführt werden.

84   85

Weitere Beispiele für Abwehrmöglichkeiten gegen Fußtritte:

86   *gegen Seitwärtstritt,*

87   *gegen Rundtritt und*

88   *gegen Kniestoß.*

Wichtig ist, daß Sie schnell ausweichen und den Tritt gleichzeitig mit dem äußeren Teil des Unterarmes (siehe Bilder 85, 86) abblocken.

Achten Sie beim Abblocken ebenfalls auf die richtige Atmung: Während der Fußtrittabwehr schnell und kräftig ausatmen.

Nach erfolgreicher Abwehr des Fußtritts können Sie selbst mit einer Technik »kontern« oder, im einfachsten und besten Fall, davonlaufen.

Abwehr mit Gegenständen

Waffengeschäfte bieten etliche Gegenstände für die Selbstverteidigung an. Elektroschockgeräte, Schlagstöcke, Gasrevolver – um nur einige Beispiele zu nennen – zählen dazu.

Alle diese Gegenstände haben aber auch Nachteile. Zum einen kann man diese »Gegenstände« nicht ständig bei sich tragen, zum anderen ist die Handhabung nicht immer so einfach, wie sie dargestellt wird.

Einige Gegenstände des täglichen Gebrauchs, wie Regenschirm, Kugelschreiber, Handtasche, Tennisschläger, Taschenlampe, Schlüssel und ähnliches, eignen sich aber durchaus zur Selbstverteidigung.

Auf den folgenden Seiten sehen Sie, wie Sie diese »alltäglichen« Gegenstände zur Selbstverteidigung einsetzen können.

Üben Sie den Umgang mit diesen »Gegenständen« möglichst oft, um sie gleichsam zu automatisieren und im Ernstfall als unmittelbare Reaktion bereit zu haben.

Sie werden feststellen, daß Ihnen im Lauf der Zeit immer mehr Gegenstände auffallen, die sich zur Verteidigung eignen, ebenso, wie sie einzusetzen sind. Sie sollen auch lernen, Gegenstände als »Waffen« zu erkennen.

Regenschirm

Beim Regenschirm (Stockschirm) handelt es sich um ein besonders günstiges Instrument zur Selbstverteidigung, da er eine Verlängerung des Armes darstellt. Ein kleiner Taschenschirm nützt allerdings nicht. Für die Selbstverteidigung bedarf es eines Schirmes von etwa einem Meter oder mehr Länge und eine Metallspitze als Abschluß wäre sehr von Vorteil.

Die Bilder 89 und 90 zeigen Ihnen die exakte Griffhaltung (bei geradem oder gebogenem Griff) für die Verteidigung mit dem Schirm.

89   *gerader Griff*   90   *gebogener Griff*

Mit einem Regenschirm können Sie nur Stoßtechniken einsetzen. Schläge mit einem Regenschirm sind völlig wirkungslos.

Bei einem Angriff von vorne stoßen Sie den Regenschirm in den Bauch oder den Unterleib des Angreifers und ziehen den Schirm danach sofort wieder in die Ausgangsposition zurück (Bilder 91 und 92).

Bei einem Angriff von hinten, etwa mit Schulterfassen, Würgen oder Wegzerren, stoßen Sie mit dem Schirm nach hinten in den Unterbauch oder in die Genitalien des Angreifers (Bilder 93 und 94) und versetzen ihm, wenn notwendig, noch Fußtritte oder Ellbogenschläge oder Handballenstöße, je nach Situation und Distanz.

91

92

93

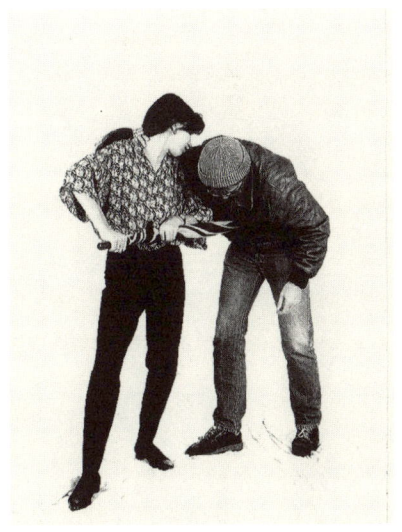

94

Tennisschläger

Ähnlich wie mit dem Regenschirm können Sie mit dem Tennisschläger verfahren. Hier haben Sie jedoch die Möglichkeit, auch Schlagtechniken zum Hals oder in das Gesicht des Angreifers auszuführen.

Bei einem *Angriff von vorne*, etwa durch Festhalten an der Schulter oder am Revers, schlagen Sie dem Gegner den Tennisschläger ins Gesicht (Bild 95).

95

Beim *Angriff von der Seite* (Bild 96) oder *von hinten* . . .

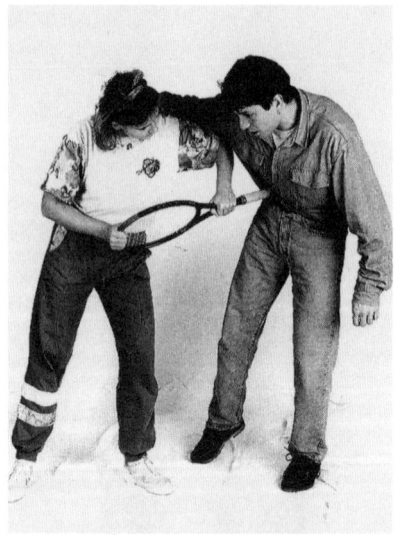

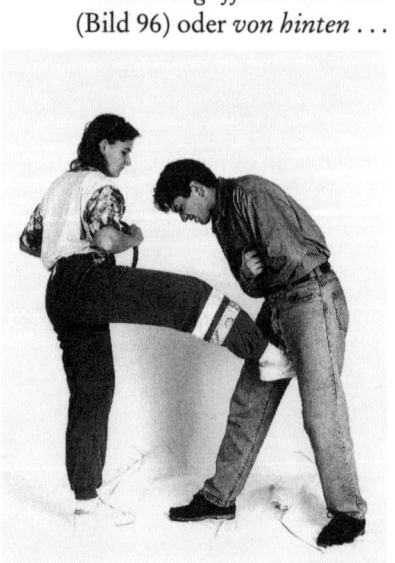

96

. . . stoßen Sie den Tennisschläger in den Bauch oder Unterleib des Angreifers und führen sofort einen Fußtritt gegen dessen Genitalien aus (Bild 97).

97

Handtasche

Die Handtasche eignet sich nur, um den Angreifer für einen Moment abzulenken, damit man ihn dann durch gezielte Techniken außer Gefecht setzt.

 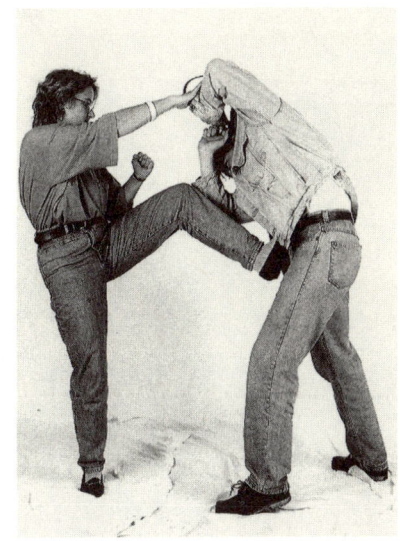

98   99

Zunächst schlägt man die Handtasche in das Gesicht des Angreifers (Bild 98) und nutzt den Überraschungsmoment, indem man ihm sofort einen Fußtritt in die Genitalien zufügt (Bild 99). (Die Fußtechniken müssen unmittelbar nach dem »Ablenkungsmanöver« mit der Handtasche erfolgen, um dem Angreifer keine Möglichkeit einer Abwehr zu geben.)

Kugelschreiber oder Schlüssel

Sie nehmen den Schlüssel oder Kugelschreiber zwischen Daumen und Zeigefinger und stoßen ihn in die weichen Körperteile (Gesicht, Hals) dessen, der Sie belästigt (Bilder 100 und 101).

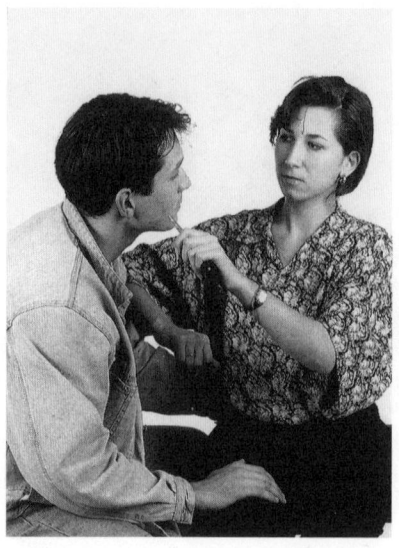
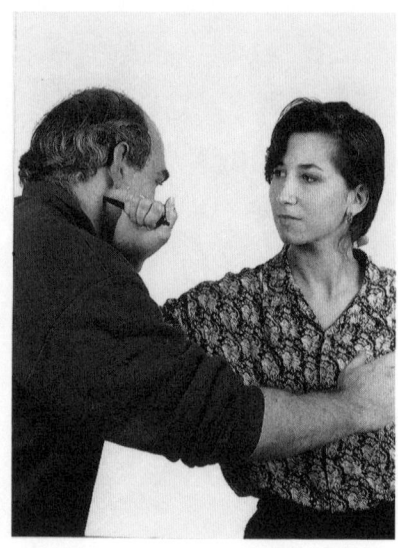

100   101

Taschenlampe (oder Stock)

Wertvoll für einen wirksamen Einsatz ist eine Taschenlampe guter Qualität mit einer Länge von etwa 45 Zentimetern.

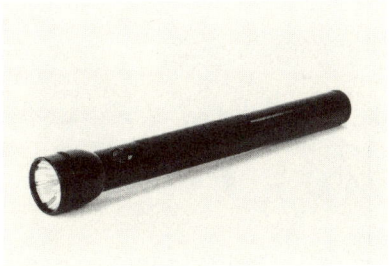

102

Wenn Sie zum Beispiel im Keller Ihres Hauses jemandem beim Einbruch überraschen, haben Sie die Möglichkeit, ihn durch den grellen Lichtstrahl der Taschenlampe zu blenden und ihn, falls er Sie angreift, mit gezielten Techniken außer Gefecht zu setzen.

Die nachstehend beschriebenen Schlagtechniken lassen sich auch mit einem Stock oder einem ähnlichen Gegenstand ausführen.

Achten Sie auch hier auf die korrekte Körperhaltung und Fußstellung. Sie soll Ihnen einen sicheren Stand bieten. Der Oberkörper ist aufrecht, die Knie sind leicht gebeugt, die Füße zeigen nach vorne (siehe Seite 46). Der Arm, der die Taschenlampe hält, befindet sich, leicht angewinkelt, direkt über dem Kopf (siehe Bild 103). – Der Lichtstrahl leuchtet unmittelbar in das Gesicht des Gegners. – Bei dieser Haltung ist Ihr Körper angespannt und jederzeit bereit, eine Schlagtechnik auszuführen.

Dadurch, daß Sie die Taschenlampe über den Kopf nehmen, vermag der Gegner kaum zu erkennen, wie und wohin der Schlag ausgeführt wird.

ACHTUNG: Schläge mit schweren Taschenlampen, die den Kopf des
Angreifers treffen, sind absolut lebensgefährlich.

103

Ebenso wichtig wie die Körperhaltung ist die besondere Haltung des
Armes und der Hand, welche die Taschenlampe führt. Eine geeignete
Taschenlampe ist schwer, die Handhaltung muß daher so ausfallen, daß
das Handgelenk trotz des Gewichtes entlastet ist. Bei unkorrekter Handhaltung kann es zu Verletzungen des Handgelenkes kommen, vor allem
durch Überdrehung.

Bedenken Sie, daß Sie im Notfall noch Schlagtechniken zur Selbstverteidigung einsetzen wollen und das Handgelenk damit extrem belasten.

Der Lichtstrahl der Taschenlampe sollte nach Möglichkeit auf den Gegner gerichtet sein (um ihn zu blenden). Das grelle Licht beeinträchtigt
seine Sehschärfe, und er wird Orientierungsschwierigkeiten haben.

Diesen Augenblick müssen Sie nutzen, um ihn mit Abwehrschlägen
außer Gefecht zu setzen.

Korrekte Haltung der Taschenlampe (Bilder 104 und 105): Die Taschenlampe (oder der Stock) liegt so in der Hand, daß das Gelenk bei
Ausführen eines Schlages durch dessen Wucht und das Gewicht der Lam-
pe nicht überdehnt wird oder gar bricht.

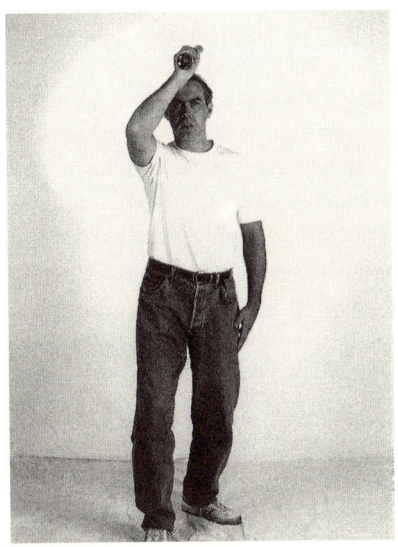

104

105

Schlagtechniken mit der Taschenlampe

Bei den hier gezeigten Schlagtechniken sind Schlüsselbein, Arme, Rippen, Oberschenkel und Beine die vorrangig zu treffenden Körperpartien beim Angreifer. Schläge auf den Kopf sind nur dann anzuwenden, wenn Ihr Leben bedroht ist, etwa, wenn der Angreifer bewaffnet ist. Der Kopf beherbergt die meisten Zentren mit lebenserhaltenden Funktionen, ein Schlag auf den Kopf ist daher sehr gefährlich. Einige Beispiele zeigen verschiedene Möglichkeiten.

Als Ausgangsposition für alle Schlagtechniken gilt das eben beschriebene Halten der Taschenlampe (oder des Stockes) über dem Kopf. Von hier aus schnellt die Hand rasch auf das gewählte Ziel zu. Achten Sie darauf, daß Sie die Taschenlampe oder den Stock nicht verkrampft umfassen und die entsprechende gegnerische Körperregion mit flüssiger (ununterbrochener) Bewegung erreichen.

Beim Schlag auf die Arme des Angreifers versuchen Sie den Unterarm oder das Handgelenk zu treffen. Mit dem Schlag wird dem Gegner die Waffe, die er hält (Stock, Messer, Flasche . . .) aus der Hand geschlagen. Durch einen Schlag auf den Oberarm muß der Angreifer nicht unbedingt die Waffe verlieren.

Aus diesem Grund sollten Sie sicherheitshalber immer versuchen, auf den Unterarm oder das Handgelenk zu schlagen.

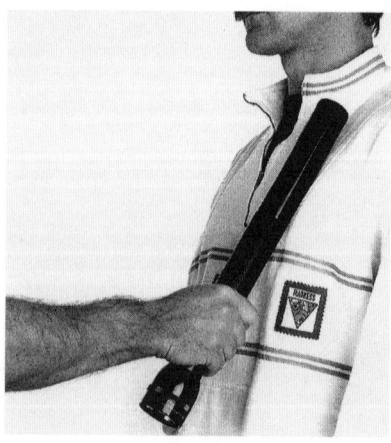

106   *Schlag auf das Schlüsselbein*   107   *Schlag auf die Arme*

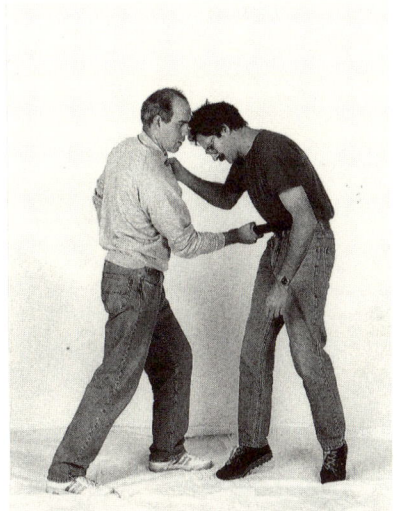

108   *Schlag auf die Rippen*   109   *Schlag auf das Bein*

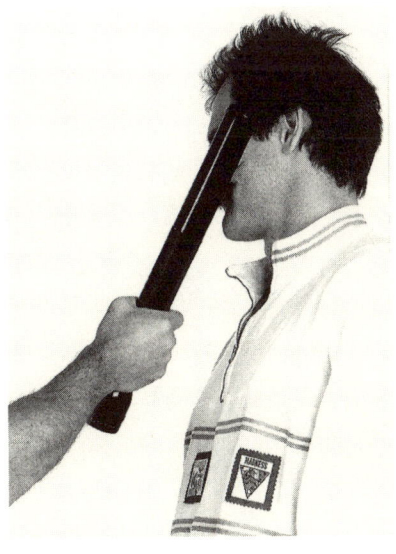

110   *Schlag frontal auf den Kopf*   111   *Schlag seitlich auf den Kopf*

Die Schlagtechniken mit der Taschenlampe oder dem Stock können Sie
ebenso diagonal ausführen, wie die beiden nächsten Beispiele (Bilder 112
und 113) zeigen.

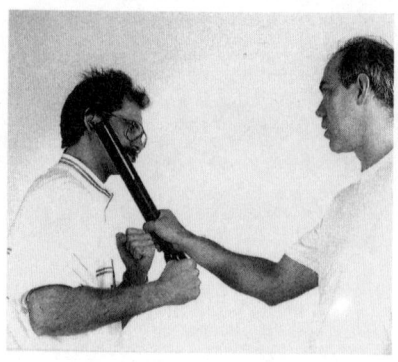   

112   *Schlag diagonal zum Kopf*   113   *Schlag diagonal auf die*
                                               kurzen Rippen

Sie können auch diagonal auf die Arme schlagen, zum Knie oder auf die
Oberschenkel.

Schläge diagonal auf die Arme und Beine des Gegners haben dieselbe
Wirkung wie gleichseitig ausgeführte Schläge. Sie sind zusätzliche An-
wendungsmöglichkeiten.

Belästigung in öffentlichen Verkehrsmitteln

Vielleicht haben Sie es schon erlebt, daß Sie im Bus, in der U-Bahn oder S-Bahn »angepöbelt« wurden. Diese Art von Belästigung geschieht verhältnismäßig häufig. Aber auch in den öffentlichen Verkehrsmitteln haben sie Möglichkeiten, sich zu wehren.

Durch lautstarke, verbale Äußerungen können Sie die Aufmerksamkeit auf sich lenken. Wenn dies nicht wirkt und der Verursacher der Belästigung nicht nachläßt, sondern noch aufdringlicher wird, setzen Sie Ellbogenstöße, Handballenstöße, Kniestöße oder Fußtritte zur Abwehr ein. Busse, U-Bahnen und S-Bahnen bieten den Vorteil, daß Sie sich an den Haltgriffen mit einer Hand festhalten können, während Sie sich mit der anderen Hand und den Füßen verteidigen.

Versuchen Sie bei allernächster Gelegenheit aus dem Verkehrsmittel auszusteigen. Wenn das nicht möglich ist oder der folgende Halt zu weit entfernt ist, ziehen Sie einfach die Notbremse.

Denken Sie daran, daß jeder Angriff ein Angriff auf Ihre Unversehrtheit und Ihre Gesundheit ist und Sie das Recht haben, dies zu unterbinden und sich dagegen zu wehren.

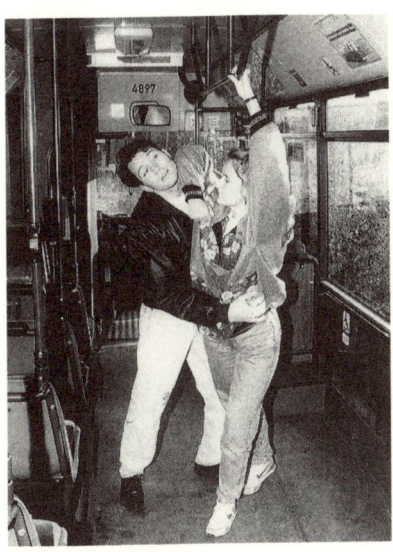 

114 *Abwehr durch Ellbogenstoß*   115 *Abwehr durch Vorwärtstritt*

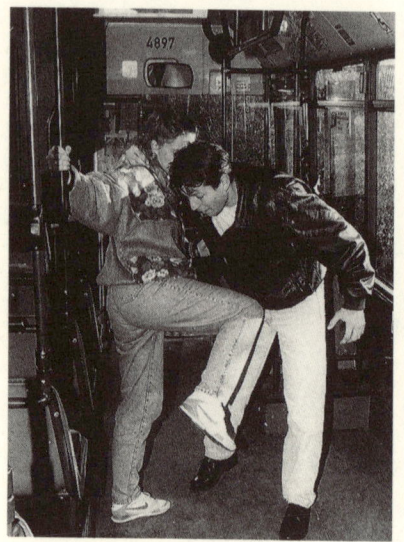

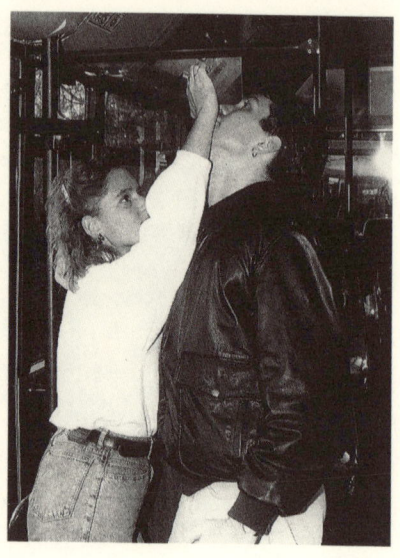

116   *Abwehr mit Kniestoß*   117   *Abwehr durch*
                                           Handballenstoß

118   *Abwehr mit Seitwärtstritt*   119   *Verteidigung im Sitzen*
                                            (Handballenschlag)

120 *Verteidigung im Sitzen*   121 *Verteidigung im Sitzen*
  (Ellbogenstoß)   *(Kneifen in den Oberschenkel)*

Bitten Sie andere Fahrgäste, Ihnen zu helfen, wenn Sie die Situation allein nicht meistern. Hierbei ist sehr wichtig, daß Sie die Person, die Sie um Hilfe bitten wollen, direkt ansprechen: »Ich brauche Ihre Hilfe« oder »Bitte, helfen Sie mir«. Sie müssen Ihre Notlage, in der Sie sich gerade befinden, klar zeigen.

Verteidigungssituation im oder am Auto

Eine große Gefahrenquelle stellt die Phase des Ein- und Aussteigens in beziehungsweise aus einem PKW, ebenso das Beladen oder Entladen des Kofferraumes eines Autos dar. Und wenn Sie als Anhalter allein bei fremden Personen im Auto mitfahren, setzen Sie nicht nur ihre Gesundheit, sondern womöglich auch Ihr Leben aufs Spiel.

Einige Informationen sollen Ihnen helfen, die Gefahren leichter zu erkennen und sich entsprechend zu verhalten.

Anhalter oder Verteidigung im PKW

Steigen Sie in ein fremdes Fahrzeug ein, so achten Sie darauf,
○ wie die Türgriffe zu bedienen sind,
○ ob der PKW eine Zentralverriegelung hat,
○ wie der Druckknopf beim Sicherheitsgurt sich betätigen läßt.

Prüfen Sie die genannten Punkte gleich nochmals, sobald Sie sich im Fahrzeug befinden.

Bemerken Sie, daß der Fahrer einen anderen Weg wählt als den vereinbarten, versuchen Sie trotzdem Ruhe zu bewahren.

Bietet sich Ihnen eine Gelegenheit, das Fahrzeug zu verlassen (Stau, Ampel), nutzen Sie diese sofort. (Für diesen Fall ist es wichtig, sich vorher über Türgriff, Sicherheitsgurt und dergleichen zu informieren.)

Kommt es dennoch zu Gewalttätigkeiten im Auto, so müssen Sie sich entschlossen verteidigen. Gezielte Ellbogenschläge und Handballenstöße in das Gesicht des Angreifers können seine Handlungen abbrechen. Versuchen Sie gleichzeitig den Sicherheitsgurt zu lösen und aus dem PKW auszusteigen. Wenden Sie Ihr Gesicht nicht vom Angreifer ab, steigen Sie also mit dem Rücken zur Tür aus. (Kehren Sie dem Angreifer nie den Rücken zu!) Prägen Sie sich nach Möglichkeit das Kennzeichen des (abfahrenden) PKWs ein.

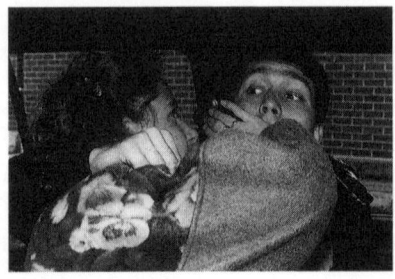

122 *Ellbogenstoß*   123 *Handballenstoß*

Verwenden Sie zur Selbstverteidigung im Auto keinesfalls ein Tränengas-Spray oder ähnliches. Seine Anwendung in geschlossenem Raum (auch im Auto) gefährdet Sie in hohem Maße selbst.

Abwehr am PKW

Greift Sie jemand beim Einsteigen in das Auto oder beim Aussteigen an, so bieten sich die folgenden Techniken als zielführende Abwehrmaßnahmen an.

124 *Fußtritt in Bauch ...*

125 *... und Genitalien*

126 *Ellbogenstoß in das Gesicht*

Je nach der Situation haben Sie vielleicht die Möglichkeit, auch die anderen Grundtechniken anzuwenden, eventuell in Verbindung mit Regenschirm, Tennisschläger, Tasche oder weiteren Hilfsmitteln.

Sich vor jedem Einsteigen in das Fahrzeug mit einem kurzen Blick zu vergewissern, daß niemand sich in erkennbarer Absicht nähert, ist besser, als sich später in einer schwierigen Situation wiederzufinden. Das gleiche gilt beim Beladen und Entladen des Kofferraumes.

Im freien Gelände

Der erste Teil dieses Kapitels stellte Abwehrbeispiele vor, die sowohl in geschlossenen Räumen oder in der Tiefgarage als auch auf der Straße ihre Anwendung finden.

Wenn Sie im Freien, in offenem Gelände attackiert werden, haben Sie viel Bewegungsfreiheit. Im günstigsten Fall können Sie einfach davonlaufen. Wenn dies nicht möglich ist, versuchen Sie einen sicheren Stand zu bekommen. Verschiedene Umweltbedingungen erschweren eine erfolgreiche Selbstverteidigung:

- Schnee und Eisglätte,
- rutschiger Boden bei Regen,
- nasses Laub auf den Wegen,
- Nebel
- Blendung (durch reflektierendes Licht).

Im Verteidigungsfall lassen sich sämtliche erläuterten Techniken und Kombinationen anwenden.

Verteidigen Sie sich mit Härte, Mut und Entschlossenheit. Bedenken Sie: Im Ernstfall sind Sie auf sich allein gestellt.

Nachdem Sie sich erfolgreich zur Wehr setzen und davonlaufen konnten, zögern Sie nicht, die Polizei zu Hilfe zu rufen.

IV. Nützliche Hinweise und Ratschläge

Die zuvor geschilderten »praktischen Lösungen« bei Tätlichkeiten und Angriffen seien nun durch nützliche »taktische Hinweise« ergänzt. Wie eingangs erwähnt, reicht ein verbaler Hinweis in der Regel aus, um den Angreifer von seinem Vorhaben abzubringen. Ob Sie ihn anschreien oder ihn in ein Gespräch verwickeln sollen, hängt von der Gesamtsituation ab (etwa vom Typ des Angreifers, dem Ort und anderem mehr). Versuchen Sie stets trotz innerer Anspannung ruhig zu bleiben.

Belästigung

Stellen Sie sich folgende Situation vor: Sie gehen bei Dunkelheit auf der Straße, ein Betrunkener kommt Ihnen lallend entgegen und belästigt Sie. – Lassen Sie sich auf keine Konfrontation ein. Zum einen ist ein Betrunkener keinesfalls zu unterschätzen, zum anderen ist sein Schmerzempfinden durch den Alkoholkonsum ausgeschaltet. Menschen, die sich in einem rauschartigen Zustand (durch Alkohol oder Drogen) befinden, haben meist keinerlei Kontrolle mehr über Körper und Geist und können sehr gefährlich werden. Beachten Sie die Person nicht und gehen Sie einfach weg.

Die beste Möglichkeit, eine Auseinandersetzung zu gewinnen, ist, sich auf keine einzulassen.

Bewaffneter Angriff

Situation: Sie sind mit jemandem in Streit geraten, und plötzlich hat Ihr Gegenüber eine Waffe (Messer, Kette, Pistole, Stock) in der Hand. Dieses Alarmsignal zeigt höchste Gefahr an.

Wenn Sie mit einer Waffe bedroht werden, bedeutet das für Sie Lebensgefahr.

Gehen Sie keinesfalls einen Kampf ein. Ihre Chancen, ihn gesund zu überstehen, sind äußerst gering.

O Lassen Sie den Bewaffneten keinen Moment aus den Augen.

○ Versuchen Sie Abstand zum Gegner zu gewinnen und laufen Sie weg, sobald Sie genügend Platz dafür haben.

○ Bei einem Messerangriff sollten Sie Distanz zum Angreifer gewinnen, um die Situation im Auge behalten und gegebenenfalls reagieren zu können.
(Bedenken Sie, daß Verletzungen, die mit einem Messer verursacht wurden, äußerst gefährlich sind.)

○ Vergessen Sie alles, was Sie in Filmen sahen, in denen der schwer verwundete Held noch in der Lage ist, alle Feinde zu besiegen. Es entspricht nicht der Realität. – Spielen Sie auf keinen Fall den Helden, Sie bringen Ihr Leben dadurch in Gefahr.

Abwehrmöglichkeiten gegen einen bewaffneten Angriff werden hier nicht aufgezeigt, da sie sich nur unter Anleitung eines erfahrenen Lehrers erlernen lassen.

Als wirkungsvolle Ergänzung zu den bisher gezeigten Techniken empfiehlt sich noch ein Schlag oder Tritt in die Genitalien des Angreifers.

Ein Schlag mit der Hand oder ein fester Quetschgriff zu den Genitalien des Angreifers erweist sich in der Regel als sehr wirksam, ebenso ein Fingerstich in die Augen.

Diese Abwehrmethode findet dann ihre Anwendung, wenn der Angreifer Ihnen schon sehr nahe gekommen ist oder wenn Sie keine große Bewegungsfreiheit mehr haben.

Die folgenden Beispiele zeigen die Anwendung gegen

127 *Umklammerung oder Würgen von vorne,*

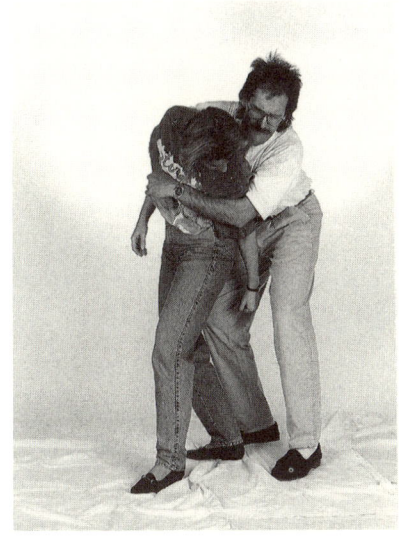

128 *von hinten, von der Seite,*

129 *Angriffe im Sitzen in der U-Bahn, im Bus, auf der Parkbank und ähnlichem,*

130 *am Revers-Fassen.*

Diese Abwehrgriffe lassen sich stets mit Folgetechniken, wie Kniestoß, Ellbogenstoß, Handballenstoß, Fußtritten und dergleichen, kombinieren. Setzen Sie, wenn nötig, unbedingt sofort mit einer dieser Techniken nach.

»Waffen« zum Selbstschutz

Wenn Sie den Ausgang einer Angriffssituation nicht allein ihrer körperlichen Geschicklichkeit überlassen wollen, haben Sie auch die Möglichkeit, sich gegen Angriffe mit sogenannten »Selbstschutzwaffen« zu verteidigen. In der Bundesrepublik Deutschland sind sie vom Bundeskriminalamt zum freien Verkauf zugelassen. Außerdem wurden sie von beauftragten Firmen erprobt und haben sich bewährt.

Tränengas-Spraydosen (Reizgas-Spraydosen)

Sie sind in verschiedenen Ausführungen und Größen erhältlich und meist mit CS-Reizgas (2-Chlorbenzylidenmalononitril) gefüllt. Es verursacht schon in geringer Konzentration starke Augenschmerzen und Tränenfluß. (In höherer Konzentration führt es zu Verätzungen am Auge und an den oberen Atemwegen.)

131

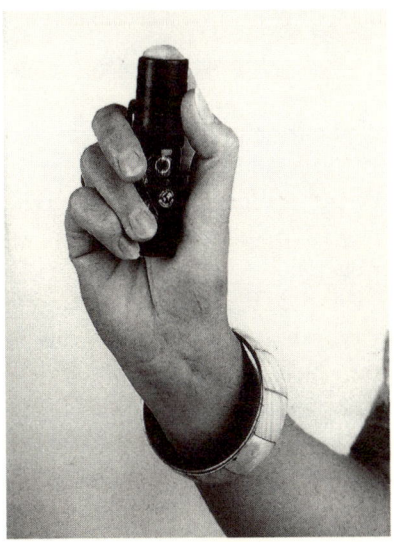

Die Handhabung ist einfach und sicher. Sie richten die Sprühöffnung auf den Angreifer, drücken auf das Ventil. Hochwirksames Reizgas entströmt.

Die Wirkung des Reizgases setzt sofort ein und läßt den Gegner hand-
lungsunfähig werden. Es verursacht
O stechende Schmerzen in der Brust,
O Brennen der Haut,
O starkes Tränen der Augen,
O Atemnot,
O Übelkeit.

Je nach Stärke der Besprühung kann dieser Zustand bis zu mehreren
Stunden anhalten.

Achtung: Benutzen Sie das Tränengas nicht in geschlossenen Räumen.
Berücksichtigen Sie im Freien die Windrichtung, und wahren Sie zum
Angreifer einen Mindestabstand von einem Meter.

Tränengas ist ein sehr wirksames Mittel zur Selbstverteidigung, voraus-
gesetzt, die Spraydose liegt einsatzbereit in Ihrer Hand (die kleinste Ausführung erlaubt dies am leichtesten). Es nützt nichts, die Dose nur in
irgendeiner Tasche mit sich zu tragen.

Messer, Pistole

Wenn Sie selbst Waffen mit sich führen, etwa ein Messer oder eine Pistole
(Waffenscheinpflicht!), müssen Sie sich über einiges klarwerden.

Gebrauchen Sie diese Waffen im Notfall wirklich? Sind Sie an der
Waffe ausgebildet, und üben Sie regelmäßig den Umgang mit ihr? Tragen
Sie die Waffe immer bei sich?

Beantworten Sie sich diese Fragen, und seien Sie ehrlich zu sich selbst.
Waffen einzusetzen erfordert viel Selbstvertrauen, Mut und eine starke
Psyche. Es dient Ihnen nicht, die Waffe nur bei sich zu haben, wenn Sie
wissen, daß Sie sie im Ernstfall nicht anwenden.

Vielleicht gelangen Sie zu der Erkenntnis, daß das Tränengas-Spray sich
für Sie am besten eignet und Sie es bei Bedarf betätigen werden.

Die besondere Situation der Frau

Sexueller Mißbrauch, Vergewaltigung

Aus den Berichten der Medien geht, wie eingangs erwähnt, deutlich hervor, daß Gewalt auch Frauen gegenüber eskaliert. Es geschieht nicht selten, daß Frauen auf offener Straße sogar bei Tage belästigt oder gar vergewaltigt werden.

Die nachstehende Statistik des Bundeskriminalamtes verdeutlicht die besorgniserregende Situation in der Bundesrepublik Deutschland.

Registrierte Vergewaltigungen in der Bundesrepublik Deutschland
(ab 1990 Gesamtdeutschland)

Jahr	Vergewaltigungen
1965	5923
1975	6850
1980	6904
1985	5919
1988	5251
1989	4987
1990	5718 (davon 606 in den neuen Bundesländern)
1991	5454 (etwa entsprechend)

Nach Vermutungen von Polizei und Frauenorganisationen ist die Dunkelziffer ebenfalls nicht gering. Denn die meisten Opfer erstatten aus Scham und Angst keine Anzeige.

Aus Polizeiinformationen geht hervor, daß zwei Drittel aller sexuellen Straftaten nicht von Fremden begangen werden, sondern von Bekannten. In der Mehrzahl der Fälle kommt der Täter also aus dem Bekanntenkreis des Opfers (Familie, Freund, Exfreund . . .).

Bei sexuell (durch eine Vergewaltigung) mißbrauchten Frauen kann es zu Depressionen, Schlafstörungen, Alpträumen, Angstzuständen sowie Störungen im sexuellen Bereich und in partnerschaftlichen Beziehungen kommen. Ebenso vermag eine solche Tat bei den betroffenen Frauen eine existentielle Lebenskrise auszulösen. Nach einer Vergewaltigung haben einige Frauen Angst vor einer neuen Beziehung und isolieren sich.

Strafrechtliche Bestimmungen

§ 177 StGB – Vergewaltigung
1. Wer eine Frau mit Gewalt oder durch Drohung mit gegenwärtiger
   Gefahr für Leib und Leben zum außerehelichen Beischlaf mit ihm oder
   einem Dritten nötigt, wird mit Freiheitsstrafe nicht unter zwei Jahren
   bestraft.

§ 178 StGB – Sexuelle Nötigung
1. Wer einen anderen mit Gewalt oder durch Drohung mit gegenwärtiger
   Gefahr für Leib und Leben nötigt, außereheliche sexuelle Handlungen
   des Täters oder eines Dritten an sich zu dulden oder an einem Dritten
   vorzunehmen, wird mit Freiheitsstrafe von einem Jahr bis zu zehn
   Jahren bestraft.

Einfach ausgedrückt, bedeutet das: In der Bundesrepublik gilt allein der
erzwungene »außereheliche Beischlaf« als »Vergewaltigung«, nicht aber
der sexuelle Mißbrauch der Frau in der Ehe.

Wenn also ein Mann von der Frau in der Ehe einen unfreiwilligen
Geschlechtsverkehr verlangt, kann er nur unter dem Tatbestand der »Kör-
perverletzung und Nötigung« strafrechtlich belangt werden.

In der Schweiz wurde 1991 ein Gesetz verabschiedet, in dem die Vergewaltigung in der Ehe auf Antrag der Frau zu verfolgen ist.

In den Niederlanden trat 1990 ein Gesetz in Kraft, das besagt, daß die
Vergewaltigung auch in der Ehe strafbar ist. Männer und Frauen können
gleichermaßen bestraft werden, wenn sie das Persönlichkeitsrecht des
Partners durch sexuellen Zwang verletzen.

Im Jahre 1991 wurde in Großbritannien erstmals eine Haftstrafe wegen
Vergewaltigung in der Ehe verhängt.

Aus der Statistik des deutschen Bundeskriminalamtes läßt sich ersehen,
daß die Anzahl sexueller Straftaten in der Realität höher liegt, als man es
wohl vermutet.

Aussagen wie »Mir wird schon nichts passieren« oder »Bis jetzt ist nichts
passiert, also wird mir auch weiterhin nichts passieren« bewahren nicht
vor einer möglichen unliebsamen Überraschung, wenn umsichtiges Verhalten fehlt.

Was dieses Buch ebenfalls bewirken möchte, ist, daß Sie sich künftig
etwas aufmerksamer und nicht leichtsinnig geben, ohne aber stete Ängst-

lichkeit in sich zu tragen oder Ihre Persönlichkeit in irgendeiner Weise zu verändern.
Vielleicht helfen Ihnen die folgenden Anregungen:

O Durch jegliche Art von sportlicher Betätigung, sei es Fitneßtraining, Aerobic, Kampfsport, Leichtathletik oder anderes, vergrößern Sie Ihre Chancen im Falle einer notwendigen Verteidigung.

O Überlegen Sie, welche Gegenstände, die Sie regelmäßig bei sich haben, sich auch zur Selbstverteidigung eignen – zum Beispiel Handtasche, Schirm (siehe Kapitel III).

O Nehmen Sie ein Tränengas-Spray mit und halten Sie es einsatzbereit, denn irgendwo in der Handtasche »vergraben« dient es Ihnen nicht, wie schon gesagt. Ein Tränengas-Spray sollte niemals in kleinen geschlossenen Räumen (z. B. Wohnhung, Sauna) oder im Auto eingesetzt werden.

Hilfen nach einer sexuellen Straftat

Durch eine Vergewaltigung erleidet die Frau meist auch körperliche Verletzungen. Nach der Tat sollten Sie sofort einen Arzt aufsuchen und die Polizei verständigen.
POLIZEINOTRUF:
1 1 0 (Deutschland)
1 3 3 (Österreich)
1 1 7 (Schweiz)
Detaillierte Informationen erhalten Sie in Deutschland von der Beauftragten für Frauenfragen im Polizeipräsidium. In Österreich und in der Schweiz direkt bei der Polizei.

An wen können Sie sich nach einer Vergewaltigung oder sexuellen Straftat wenden?
Einem Vergewaltigungsopfer fällt es oft sehr schwer, sich jemandem anzuvertrauen. Es braucht Hilfe und Schutz, findet aber nicht den richtigen Ansprechpartner. Die nun genannten Anlauf- und Beratungsstellen wurden dafür ins Leben gerufen.

Notrufe in der Bundesrepublik Deutschland:

»FRAUENNOTRUF«
Güllstr. 3
D-80336 München
Tel: 089/76 37 37

BEAUFTRAGTE FÜR FRAUENFRAGEN
im Polizeipräsidium München
Ettstr. 2
D-80333 München 2
Tel: 089/214-7777

Weitere Anschriften und Telefonnummern von Beratungsstellen in Ihrer
Stadt können Sie über die Telefonauskunft erfragen.
    Fragen Sie nach »Beratungsstellen für Frauen« oder Frauenhäusern.

Notrufe in der Schweiz:

Nottelefon
Postfach 170
CH-4000 Basel
Tel.: 0041/61/25 89 89

Informations- und Beratungsstelle
für vergewaltigte Frauen
Bollwerk 41
CH-3011 Bern
Tel.: 0041/31/21 07 07

Nottelefon
Postfach 459
CH-1211 Genf
Tel.: 0041/22/733 63 63

Verein Nottelefon
Postfach 3344
CH-8031 Zürich
Tel.: 0041/1/271 46 46

Notrufe in Österreich:

Notruf und Beratung
Postfach 688
A-8010 Graz
Tel.: 0043/316/91 88 00

Frauen gegen Vergewaltigung
Postfach 764
A-6021 Innsbruck
Tel.: 0043/512/57 44 16

Notruf und Beratung
Haydnstr. 6
A-5020 Salzburg
Tel.: 0043/662/88 11 00

Notruf und Beratung
Postfach 157
A-1051 Wien
Tel.: 0043/222/93 22 22

Notruf und Beratung
Postfach 170
A-1051 Wien
Tel.: 0043/222/56 72 13

Die sozialpädagogisch und psychologisch geschulten Mitarbeiterinnen der genannten Einrichtungen unterstützen von sexueller Gewalt betroffene Frauen.

Manche Organisationen bieten neben der telefonischen Beratung auch Einzelberatung, Selbsthilfegruppen, Informationen und Therapiemöglichkeiten, Information über rechtliche Möglichkeiten und Betreuung bei Behördengängen.

Wurden Sie Opfer einer sexuellen Straftat, können Sie sich außerdem an folgende Einrichtungen wenden:

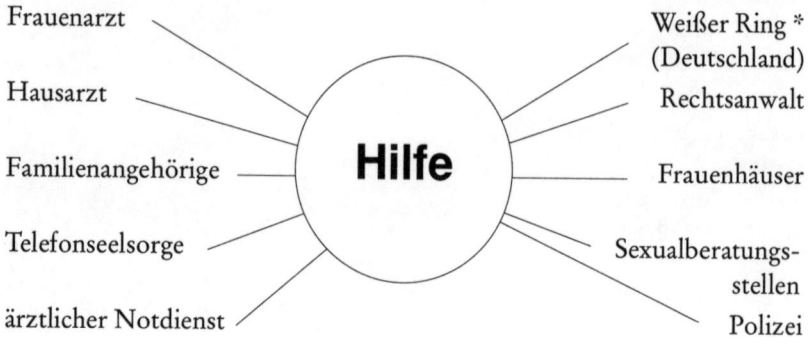

Frauenarzt

Hausarzt

Familienangehörige

Telefonseelsorge

ärztlicher Notdienst

Hilfe

Weißer Ring *
(Deutschland)

Rechtsanwalt

Frauenhäuser

Sexualberatungs-
stellen

Polizei

* *Weißer Ring e. V.: Beratungsstelle für Verbrechensopfer und sexuell miß-
brauchte Frauen.*

Notwehr und Nothilfe

Notwehr

Notwehr ist ein dehnbarer juristischer Begriff und kann auch entsprechend ausgelegt werden.

Was bedeutet Notwehr?

Als »Notwehr« wird eine Verteidigungsmaßnahme bezeichnet, die erforderlich ist, um einen gegenwärtigen, rechtswidrigen Angriff von sich oder einem anderen abzuwehren. (In Deutschland gilt Paragraph 32 des Strafgesetzbuches.) Wer eine Tat begeht, die durch Notwehr geboten ist, handelt nicht rechtswidrig. Für Sie heißt das im allgemeinen, daß Sie sich bei einem Angriff zur Wehr setzen dürfen, ohne dafür gerichtlich belangt zu werden. Doch müssen Sie Ihre Verteidigung nach dem Gesetz so wählen, daß Sie die Verhältnismäßigkeit zum Angriff nicht weit überschreiten. Andernfalls gilt Ihre Abwehrhandlung nicht als Notwehr beziehungsweise ist sie unzulässig.

Wenn jemand Sie zum Beispiel an den Haaren zieht, dürfen Sie ihn nicht mit einer Zaunlatte so verprügeln, daß er der Krankenhausbehandlung bedarf.

Nothilfe

Auch Sie können einmal auf die Hilfe anderer angewiesen sein, vor allem in einer Notwehrsituation. Darum helfen auch Sie anderen Menschen, die in Not sind.

Beachten Sie dabei aber folgendes:

○ Vergewissern Sie sich, daß die betroffene Person ihre Hilfe tatsächlich braucht.

○ Bringen Sie sich durch Ihre Hilfeleistung nicht mehr in Gefahr als unbedingt erforderlich.

○ Helfen Sie der betroffenen Person so, daß auch sie nicht noch mehr gefährdet wird.

○ Wenn Sie helfen, gehen Sie genauso vor, als wären Sie selbst bedroht – entschlossen, gezielt, hart.

○ Besteht die Möglichkeit dazu, so holen Sie noch jemanden zu Hilfe. Sprechen Sie diejenige Person direkt an. So kann sie sich der Aufforderung kaum entziehen.

Bei der Nothilfe können Sie alle gezeigten Techniken einsetzen und die besprochenen Gegenstände, wie Handtasche, Schirm oder auch einen Stuhl, zur Unterstützung verwenden.

Das Selbstverteidigungskonzept

Was ist Selbstverteidigung? Welche Voraussetzungen braucht man, um Selbstverteidigung zu erlernen? Was ist die beste Selbstvertetidigungsmethode?

Selbstvertetidigung soll funktionell, geradlinig und realistisch sein.

Funktionell: Selbstverteidigung soll man situationsgerecht anwenden können, egal, ob im Stehen, im Sitzen, im Liegen, in der Kneipe, Diskothek, im Wald, auf der Straße, im Bus . . .

Geradlinig heißt, daß die realistische Selbstverteidigung keine Showteile und Schnörkel kennt. Sie basiert vielmehr auf kurzen, sicheren, präzisen und logischen Bewegungen, deren Ablauf einfach und schnell auszuführen ist.

Realistisch: In eine realistische Selbstvertedigung gehören weder hohe Fußtritte noch akrobatische Einlagen (Saltos) hinein. Die Effektivität liegt in der Einfachheit. Je einfacher und logischer die Selbstverteidigung ist, desto wirkungsvoller ist sie. Sie müssen sich mit den Bewegungen identifizieren können. Realistisch heißt auch: *schnell, hart und entschlossen.*

Selbstverteidigung soll zudem noch relativ schnell erlernbar und auch von Frauen, schwächeren Menschen und Nichtsportlern anwendbar sein. Das Erlernen eines Selbstverteidigungssystems soll dem Ausübenden Sicherheit und Selbstvertrauen in die eigenen körperlichen Fähigkeiten geben und Attribute (Eigenschaften) wie Schnelligkeit, Reaktionsvermögen und Beweglichkeit entwickeln und fördern.

Man lernt den eigenen Körper als Waffe zu erkennen und dann richtig einzusetzen. Das Knie, der Ellbogen, der Fuß, die Hand . . . erweisen sich als äußerst wirkungsvolle »Werkzeuge«, die man ständig bei sich hat.

Selbstverteidigung wird dann effektiv, wenn Sie die einzelnen Bewegungen jederzeit logisch und ökonomisch untereinander kombinieren können. Das heißt, daß Selbstverteidigung im Kopf entsteht.

Wenn Sie daran interessiert sind, an einem Selbstverteidigungsseminar mit dem Autor teilzunehmen, wenden Sie sich bitte an *Michael Grüner,* Telefon (089) 157 24 45 (auch Anrufbeantworter).

Dank

An dieser Stelle möchte ich mich bei allen bedanken, die mir bei der Entstehung dieses Buches geholfen haben, besonders Frau KARIN GERTNER, Frau INGRID RESCH, Frau CHRISTINE STEINHERR, Frau LIESELOTTE WEICH sowie Herrn RUDOLF FUSSEDER und Herrn JOANNIS PAPADOPOULOS.

Mein besonderer Dank gilt dem ARISTON VERLAG, der die Herausgabe des Buches ermöglicht hat.

Sachregister

FÜR GESUNDHEIT UND VITALITÄT

FÜR GESUNDHEIT UND WOHLBEFINDEN

DAS HANDBUCH GANZHEITLICHER SELBSTHEILUNG
HANDGRIFFE DES MEDIZINISCHEN TAO-SYSTEMS
Von Dr. med. Stephen T. Chang

Dieses Buch (Bestseller in den USA und Frankreich) stammt von einem Arzt, der in China und in den USA in Medizin promoviert hat. Die in seiner Praxis bewährten Revitalisierungsübungen heilen den Organismus und führen ihm Energie zu. Es gibt z. B. Übungen zur Schmerzlinderung, zur Aktivierung der Leberfunktion, zur Gewichtsabnahme, zur Stärkung der Sehkraft und des Herzens. Diese Übungen taoistischer Selbstheilung sind anhand von 100 Abbildungen mühelos anzuwenden und problemlos im Alltag durchzuführen. 280 Seiten, 100 Abb., geb., ISBN 3-7205-1599-0.

DER SCHAMANE IN UNS – SCHAMANISMUS ALS NEUE
SELBSTERFAHRUNG, HILFE UND HEILUNG
Von Paul Uccusic

In unserer Zeit wurde der Schamanismus – wohl das älteste Heilsystem der Menschheit – neu entdeckt. Aus seinem kulturhistorischen und anthropologischen Hintergrund in unsere Lebenswirklichkeit transponiert, erweist er sich als heilsame Methode, die abhanden gekommene Verbundenheit des Menschen mit der Natur und überhaupt mit der Gesamtschöpfung unserer Welt wiederherzustellen und für die Lösung von Lebens- und Gesundheitsproblemen zu nutzen. Paul Uccusic, selbst studierter Physiker und außerordentlich begabte Heilerpersönlichkeit, hat mit diesem Buch ein umfassendes Grundlagenwerk geschrieben, das zugleich ein praktisches Arbeitsbuch auch für interessierte Anfänger ist. Das umfangreiche Literaturverzeichnis beweist, daß der Schamanismus Teil einer jeden Kultur ist. 340 Seiten, geb., ISBN 3-7205-1667-9.

DAS HANDBUCH DER ASTROMEDIZIN
GESUNDHEIT IM HOROSKOP
Von Bernd A. Mertz

Die Arbeit mit diesem Buch des bekannten Astrologen verschafft Ihnen Klarheit über Ihre individuelle gesundheitliche Disposition, über seelische Ursachen einer Krankheit, über grundsätzlich vorhandene Schwachpunkte und sinnvolle Vorbeugungsmaßnahmen. Ein promovierter Mediziner unserer Tage mit langjähriger Praxiserfahrung:»Wer etwas von Astromedizin versteht, der kann seine gesundheitlichen Gefahrenmomente klarer erkennen, denn die Kette reißt immer am schwächsten Glied. Er kann vorbeugend etwas tun, und vor allem bekommt dieser Patient ein Verständnis für seine Krankheit, was zur Heilung der Seele, die an jeder Krankheit mitbeteiligt ist, gewaltig beiträgt.« 250 Seiten, 20 Graphiken, ISBN 3-7205-1683-0.

DIESE FASZINIERENDEN BÜCHER ERHALTEN SIE IM BUCHHANDEL

Ein umfangreiches, farbiges Bücher-Magazin mit sämtlichen Titeln unseres auf Medizin, angewandte Psychologie und Esoterik spezialisierten Verlagsprogramms können Sie gratis anfordern bei

ARISTON VERLAG · GENF/MÜNCHEN

CH-1211 GENF 6 · POSTFACH 6030 · TEL. 022/786 18 10 · FAX 022/786 18 95
D-81379 MÜNCHEN · BOSCHETSRIEDER STRASSE 12 · TEL. 089/724 10 34

SACHBÜCHER ANGEWANDTER PSYCHOLOGIE

DENKE NACH UND WERDE REICH
DIE ERFOLGSGESETZE UND IHRE NUTZANWENDUNG
Von Napoleon Hill

Andrew Carnegie, der Stahlmagnat und damals wohl der reichste Mann der Welt, beauftragte Napoleon Hill, die Erfolgsmethoden von fünfhundert Millionären zu erforschen und eine Erfolgsphilosophie ihres Know-hows zu erarbeiten und in einem Buch zu veröffentlichen. Nach jahrelanger Arbeit und zahllosen Interviews veröffentlichte der Autor dieses Werk, das allein in den USA eine Auflage von mehr als zwanzig Millionen erreichte und in alle Weltsprachen übersetzt wurde. Der Autor, der für dieses Werk mit dem Ehrendoktor ausgezeichnet wurde, ist mit den von ihm beschriebenen Methoden sehr reich geworden. Diese werden heute von der Napoleon Hill Foundation weiterverbreitet. Sein phänomenales Buch läßt Sie die Erfolgsgesetze entdecken. Es motiviert den Chef, den Mitarbeiter, Großunternehmen wissen, warum sie es zu Hunderten, zu Tausenden kauften. Wenn Sie es lesen, wissen Sie es auch. Sie werden erkennen, warum Reichtum kein Zufall ist und wie man's schafft. 250 Seiten, gebunden, ISBN 3-7205-1017-4.

Zu diesem Buch gibt es auch ein von Interviews mit dem Autor im Originalton durchsetztes Kassettenwerk, das Ihnen erleichtert, die Kernlehren der Lebensphilosophie dieses Buches nachhaltig Ihrem Gedächtnis einzuprägen. Zwei Audiokassetten in Box, Spieldauer 2 Std., ISBN 3-7205-1737-3.

ERFOLG DURCH POSITIVES DENKEN
EIN SCHLÜSSELBUCH RICHTIGER EINSTELLUNG UND MOTIVATION
Von Napoleon Hill und W. Clement Stone

»Was wir geistig erfassen können und zu glauben vermögen, das können wir auch verwirklichen.« Auf dieser fundamentalen Erkenntnis beruhen die einfachen Erfolgsmethoden, mit denen Dr. Napoleon Hill und W. Clement Stone, der Versicherungskönig Amerikas, Ihnen den unfehlbaren Weg zur Verwirklichung Ihrer Wünsche aufzeigen. Hill ist einer der Pioniere der Lehre vom positiven Denken, und dieses ist denn auch der Angelpunkt aller hier geschilderten Erfolgsmethoden. Stone hat sein Wissen als erfolgreicher Unternehmer beigesteuert. Aufgrund dieses Buches werden Sie Ihre Gesamteinstellung neu orientieren, und Ihr Denken, Glauben und Fühlen werden die Weichen für das Erfolgsgeleise stellen. Sie werden eine Fülle von Ideenschätzen entdecken, die Ihnen Ihr Unterbewußtsein bereithält, Ihre Probleme auf neue Art anpacken und Ihre Wunschziele durch positives Denken und entsprechendes Handeln verwirklichen können. Dieses Buch kann Ihr Privat- und Ihr Berufsleben grundlegend ändern. 301 Seiten, gebunden, ISBN 3-7205-1025-5.

Zu diesem Buch gibt es auch ein Praxis-Kassettenprogramm, das Ihnen als eine neue Dimension der Selbsthilfe erleichtert, die Kernsätze der Lebensphilosophie dieses Buches nachhaltig Ihrem Gedächtnis einzuprägen. Praxis-Programm: vier Audio-Suggestionskassetten in Box,, Spieldauer $3^1/_2$ Std., ISBN 3-7205-1677-6.

DIESE BÜCHER UND KASSETTEN ERHALTEN SIE IM BUCHHANDEL

Ein umfangreiches, farbiges Bücher-Magazin mit sämtlichen Titeln unseres auf Medizin, angewandte Psychologie und Esoterik spezialisierten Verlagsprogramms können Sie gratis anfordern bei

ARISTON VERLAG · GENF/MÜNCHEN

CH-1211 GENF 6 · POSTFACH 6030 · TEL. 022/786 18 10 · FAX 022/786 18 95
D-81379 MÜNCHEN · BOSCHETSRIEDER STRASSE 12 · TEL. 089/724 10 34